광주다움의 속삭임

전남대학교 역사문화연구센터 연구총서 2

광주다움의 속삭임

1쇄 발행 2019년 11월 5일
2쇄 발행 2019년 11월 15일

저 자 김병인·김승환·김지수·박건웅·백형대
오승주·윤동현·윤순상·홍지웅
발행인 정병석
발행처 전남대학교출판문화원

등 록 1981. 5. 21. 제53호
주 소 61186 광주광역시 북구 용봉로 77
전 화 (062) 530-0571~2 마케팅 530-0573
팩 스 (062) 530-0579
홈페이지 http://www.cnup.co.kr
이메일 cnup0571@hanmail.net

값 10,000원

ISBN 978-89-6849-666-0 (93910)

이 도서의 국립중앙도서관 출판예정도서목록(CIP)은
서지정보유통지원시스템 홈페이지(http://seoji.nl.go.kr)와
국가자료종합목록시스템(http://www.nl.go.kr/kolisnet)에서 이용하실 수 있습니다.
(CIP제어번호 : CIP2019043714)

광주다움의 속삭임

김병인
김승환
김지수
박건웅
백형대
오승주
윤동현
윤순상
홍지웅
공 저

전남대학교출판문화원

책을 펴내며

여름을 지칭하는 여러 용어 중에 '명조(鳴蜩)' 혹은 '선우월(蟬羽月)'이라는 말이 있다. 모두 '매미가 우는 계절'을 뜻하니, 옛 사람들도 무더위는 매미울음소리와 함께 보냈나보다. 매미는 유충이 10년 가까운 세월 동안 땅속에 있다가 지상으로 올라와 성충이 되는데, 그 수명은 매우 짧아 열흘에서 이십일 남짓밖에 안 된다. 수컷 매미는 그 짧은 시간 동안 종족 번식을 위해 밤낮으로 암컷을 찾아 부르짖는다. 우리들은 매미의 '존재론적 비애'와 무관하게 그 울음소리를 그저 한여름의 향연쯤으로 알고 있으니 매미에게는 모진 감각의 기억이라 할 수 있겠다. 그리하여 안도현은 「사랑」이라는 시에서 "여름이 뜨거워 매미가 우는 것이 아니라, 매미가 울어서 여름이 뜨거운 것이다"고 노래했는지도 모른다.

여름은 우리들에게 매미소리 말고도 많은 소리를 들려준다. 귀뚜라미소리, 풀벌레소리, 새소리, 빗소리, 계곡소리, 바람소리, 파도소리, 햇볕 내리쬐는 소리, 노랫소리, 이야기소리, 웃음소리 등등. 가히

'여름은 소리의 계절'임에 틀림없다. 때문인지 몰라도 여름이 되어서야 우리 몸에 귀를 통해 듣는 감각이 있다는 것을 깨닫게 된다. 기승을 부리던 무더위가 몇 차례의 태풍으로 주춤해졌지만, 여전히 창밖의 청량한 매미소리로 미루어 아직도 여름이 끝나지 않았다고 착각하는 것도 이러한 까닭일 게다.

그런데 이처럼 여름이 되면 귀가 열리듯이 우리는 봄철에 눈이 뜨인 것을 체험했으니 그 감각의 독점욕이 그리 신기한 일은 아니다. 잔설(殘雪)에 눈부신 산기슭 여기저기 매화꽃과 산수유꽃이 만발하기 시작하면 사람들은 비로소 눈을 떠서 개나리꽃, 벚꽃, 진달래꽃, 배꽃, 사과꽃, 복숭아꽃 등등 온갖 꽃의 화사함에 반해 지극한 염양지절(艶陽之節)의 설렘에 빠지게 된다. 그리고 '떨어져 누운 꽃잎마저 시들어 버린' 어느 5월, 보랏빛 오동나무꽃들이 주절이 내리앉는 그날까지 그 꽃들의 향기를 맡으며 코의 존재를 알게 된다. 진하디 진한 아카시아꽃향과 밤꽃향이 온 동네를 수군덕거리게 만드는 여름 문턱에 닿은 그때까지 우리들의 감각기관은 코가 유일한 셈이다.

그런데 이처럼 '찬란한 슬픔의 봄'을 보내는 동안 우리들의 눈과 코를 살아있게 만든 그 많은 꽃나무들은 과연 어디에 서있었단 말인가. 신기하게도, 그들이 예전부터 거기에 서있었는지 어느 누구 한사람 알지 못하는 게 우리의 일상이다. 그리하여 "나무는 꽃을 보아 알 수 있을 뿐이다"고 했던가. 지난봄에 눈 내리 듯 피어난 벚꽃나무가 서있던 그 자리를 어느 날 갑자기 선홍빛 백일홍이 대신 차지하는 마술 같은 일도 인간의 미망(迷妄) 때문에 가능한 것이다.

이제 우리는 눈도 감고 코도 막고 귀도 닫고 마음만 열어야 하는 가을과 만나고 있다. 소쇄(瀟灑)한 바람이 스쳐지나가고 '돌맹이를 던지면 쨍하고 깨질듯 한' 하늘이 나타나는, 바로 그날! 도숙어비(稻熟魚肥)의 계절, 오곡백과 넘실대는 들판 앞에서 드디어 수확의 고마움에 고개를 들어 하늘을 바라보는 순간 우리들의 마음은 활짝 열린다. 이때가 되면, 하(夏)나라 백성들이 겪었을 지독한 가뭄에 지쳐 하늘을 향해 '확 구멍이라도 뚫어져버리라'고 원망하다가, 한참이나 있다가 어느 날 갑자기 응답하듯이 쏟아지는 큰비 앞에 이제는 제발 멈춰달라고 사정하는 우리 조상님들의 다급함과 처절함도 일순간에 사라져버린다. 그들은 원망 대신, 온 세상을 얻은 듯한 풍요 속에서 둘째딸 혼사를 꿈꿨으며, 혹은 이번에는 아랫배미 논 두어 마지기 마련할 수 있을 것이라는 작은 소망에 빠져들기도 하였다. 가을은 이처럼 속절없이 우리들의 마음을 열어버린다. 이제 우리 몸에 더 이상 열어놓을 것이 아무 것도 남아 있지 않다는 듯이 말이다.

그리니 이네 낙엽이 지고 그 넓은 들판에 오로시 삼 누서너 개만 남게 되는 그날이 지나고, 찬바람이 불고 눈이 내리면 그렇게 활짝 열렸던 우리들의 눈과 코 그리고 귀와 마음은 언제 그랬냐는 듯이 일순간에 닫혀버린다. 고개를 쳐들지도 못하고, 마스크 하나로 입과 코를 가리고 눈도 제대로 뜨지 못하는 엄동설한은 숨구멍 하나까지 다 닫아버린다. 이에 우리는 겨울을 물종(物終), 폐장(閉藏)이라 부르나 보다.

이처럼 꽃이 피고 꽃이 지는 것은 수만 년에 걸친 자연의 일상사인데, 인간은 꽃잎 한 장에 일희일비하고 있으니, 우리의 삶이 아무리 확연(確然)한 호연지기(浩然之氣)에 닿는다 하더라도 자연 앞에서는 한낱 미물에 지나지 않는다는 간단한 이치를 깨닫기 어려운 모양이다. 특히 나처럼 평생 다른 직업에 대한 경험 없이 대학에만 머물러 있는 사람에게는 4년 단위로 이어지는 학생들의 오고감은 겨우 10년 단위로나 느낄 수 있는 인생의 속절없음과 함께 무감각하게 지나쳐갔을지도 모른다. 때문에 나는 늘상 '지금 바로 여기' 내 앞에 있는 '이 학생'의 소중함을 놓치지 않으려고 애써 '청년의 열정'을 강조하고 있음을 고백한다. 결코 다다르지는 못하지만!

전남대학교 사학과 4학년 전공 중 〈지방사연구법〉이라는 교과목이 있다. 학부생 과목 명칭에 '연구법'이 들어가는 경우는 흔치 않다. 2008년부터 10년 넘게 이 과목을 담당해오면서 많은 굴곡을 겪고 강의 방법과 내용에 적잖은 변화를 꾀해왔다. 그럼에도 불구하고 줄곧 유지된 기준이 하나 있었는데, 전공 글쓰기 능력을 키우는데 도움을 주고 싶다는 것이 그것이다. 이는 궁극적으로 사학과생으로서 더 나아가서 인문학도로서의 자부심과 능력 발휘를 위한 가장 기본이 되는 토대라고 여겼기 때문이다. 대학을 졸업하고 나서 어느 영역에 있더라도 사학과 졸업생이라는 타이틀은 부담일 수도 있고, 부러움의 대상일 수도 있다. 왜냐하면 사학과 진학을 희망한 경우, 어렸을 때부터 공부하고 싶은 학문으로 시작하여 중·고등학교를 거쳐 대학 진학 때까지 바뀌지 않고 지속되는 사례가 상당히 많기 때문이다.

〈지방사연구법〉 강의를 시작한 초창기에는 고문서, 고지도 등을 중심으로 지방사를 연구하는 데에 필요한 자료해석 능력을 키우는 데에 집중하였다. 그런데 이 분야에 대한 필자의 전문성도 부족하고 학생들의 관심과 호기심도 수업 목표에 미치지 못했다. 이에 방향을 조금 틀어서 '지역정체성의 재구성'에 관한 다양한 주제를 다루기 시작했다. 『신증동국여지승람』이나 지리지, 읍지 분석을 통한 지역의 역사문화자원의 유형과 활용 방안을 살피기도 했고, 축제를 통한 지역정체성의 재구성을 다루기도 하였다. 또한 지역축제 리소스 개발이나 앱 콘텐츠 기획 등에 초점을 맞추기도 했다. 그러면서 학생들의 기말보고서를 전남문화원연합회 주최 〈전남 향토문화연구 논문 공모사업〉에 출품하기 시작하였다. 그리고 놀랍게도 김서우(12학번), 정연주(12학번), 박재연(14학번), 신서영(14학번), 이건종(11학번) 학생 등이 최우수상과 우수상을 연달아 수상하면서 '교학상장'의 감동적인 시간을 경험하였다.

이러한 결과에 힘입어 이번 학기에는 20대의 관점에서 광주의 본 모습을 찾아서 '광주다움'에 대해 속삭여 보기로 했다. 학부생의 글인지라 그 내용과 형식에 불미한 점이 많을 줄 안다. 그럼에도 불구하고 출판을 결심한 이유는 인생의 가장 아름나운 시기인 20대에 자신만의 시선으로 광주를 바라보고 해석하는 힘을 발휘해 보고, 또 이를 단행본 출판이라는 결과물로 장식함으로써 이후 세상의 주인이 되어 자신의 삶을 살 수 있는 짱짱한 힘을 안겨주고 싶었기 때문이다. 그리고 "상상과 열정은 세상을 바꾼다"는 믿음이 결코 무의미한 수사가 아님을 믿고 싶었다. '상시분속(傷時憤俗)의 정신과 청년의 열정으로'라는 내 일상의 모토가, 이제는 '삶의 당위'가 아닌 '중년의 넋두리'처럼 느껴지는 차제에 이번 작업은, 여전히 내 삶의 유효한 '지남(指南)'임을 확신하면서 책을 발간하는 소회를 적어보았다.

지금 우리 학생들의 모습은 화사한 꽃들의 농염함에 놀라 겨우 눈을 뜬 초춘(初春)에 지나지 않을 것이다. 그러나 언젠가는 향내음에 빠질 것이고, 또 한순간 마음도 통연(洞然)해질 것이다. 그러다가도 이내 경색(哽塞)하여 움츠러들지도 모른다. 하지만, 호시우보(虎視牛步)로 젊은 날을 보내다 보면 어느덧 마음을 열고 닫는 것쯤이야 다반사(茶飯事)처럼 쉬어질게다. 그리고 이처럼 감각의 기억을 회복하고 상실하는 동안 우리들은 '미래는 오래 지속된다'는 알튀세르의 고뇌를 하나 둘 깨닫게 되리라 믿는다. 공동저자에 이름을 올린 여덟 명의 학생들은 나와 '같은 경험을 하면서도 다른 느낌을 갖는[同經異感]' 친구이자 동행이다. 그들의 전도양양과 세상의 주인됨을 믿는다!

마지막으로 여러모로 부족한 원고를 잘 다듬어 멋지고 찬연한 책으로 만들어주신 전남대학교출판문화원에 감사드리며, 출판에 대한 경제적 후원을 아끼지 않으신 여러 선생님들과 '좋은친구'분들께 고마움을 전해 올린다.

2019년 10월 '어느 멋진 날'

집필자를 대표하여 김병인 적음

목차

5·18 광주정신과 헌법(전문)의 역사인식

김병인
전남대 사학과 교수

'5·18민주화운동' 40주년을 앞두고 있다. '5·18민주화운동'은 "1980년 5월 18일부터 27일 새벽까지 열흘 동안, 전두환을 정점으로 한 당시 신군부 세력의 지휘를 받은 계엄군의 폭력적인 진압에 맞서 광주시민과 전남도민이 '비상계엄 철폐', '유신세력 척결' 등을 외치며 죽음을 무릅쓰고 민주주의 쟁취를 위해 항거한 역사적 사건"을 말한다. 이후 5·18 문제 해결을 위한 5대 과제 즉, 진상규명·책임자 처벌·명예회복·보상 및 배상·기념사업을 위한 기나긴 투쟁을 '5월 운동'이라 부른다. '5·18민주화운동'은 통상적으로 전자와 후자를 합친 개념으로 사용된다. 이러한 '5·18민주화운동'을 위한 투쟁, 기억, 기념, 실천하고자 하는 일련의 사유와 마음가짐을 '광주정신' 혹은 '5월정신'이라고 명명한다.

현재 '5·18민주화운동'은 국가기념일로 지정되어 있으며, 망월묘역은 국립묘지로 운영되고 있다. 명실 공히 국가가 기념하고 국민이 추념하는 역사적 사건으로 자리매김 되었다고 볼 수 있다. 특히 5월 18일 대통령이 참석하여 기념식을 거행하는 모습이 낯설지 않게 되면서 그 역사적 위상은 점차 커져가고 있다. 이제 5·18정신을 헌법 전문에 넣자는 주장도 과격하거나 어색해보이지 않는다. 그렇다면 5·18과 헌법 정신은 어떤 관계가 있을까?

우리 헌법 전문(前文)은 328글자로 이루어졌다. 쉼표는 여섯 개이지만 마침표가 하나이니까 한 문장임을 알 수 있다. 주부는 '유구한 역사와 전통에 빛나는 우리 대한국민'이며, 술부는 '1948년 7월 12일에 제정되고 8차에 걸쳐 개정된 헌법을 이제 국회의 의결을 거쳐 국민투표에 의하여 개정한다'이다. 그렇다. 우리 헌법의 제정과 개정 주체는 '우리 대한국민'이다. 우리 국민이 헌법을 개정하면서 계승하는 역사적 사건과 정신은 두 가지이다. 하나는 '3·1운동으로 건립된 대한민국임시정부의 법통'이다. 다른 하나는 '불의에 항거한 4·19민주이념'이다. 즉, 우리나라 국민이라면 독립운동과 민주화운동의 정신을 잊지 말고 계승하고 실천해야 한다는 것이다. 그럼으로써 '조국의 민주개혁과 평화적 통일의 사명'을 완수할 수 있다고 다짐하였다. 이러한 헌법 전문의 정신대로라면 우리나라에서는 '친일이 뭐가 잘못이냐?'라거나, '식민지 경험 때문에 잘살게 되었다'는 망언은 나올 수가 없다. 모두 반헌법적 언사이기 때문이다. 그럼에도 불구하고 친일파의 후손이 고위공직자가 되기 일상이고, 유수 국립대 교수가 식민지근대화론을 공공연히 주장하는 현실은 부끄럽고 치욕적이기까지 하다. 여야와 보수진보 할 것 없이 입만 열면 헌법적 가치와 헌정질서를 운운하는데, 이게 무슨 해괴한 일이란 말인가? 우리가 의외로 헌법 정신을 모르고 있거나 무신경한 것은 아닌지 저어할 뿐이다.

현재 한국사회는 매사에 극도로 분열되어 있고 곳곳에 갈등의 불편함과 어려움이 산재해 있다. 선거의 결과나 진영의 논리만으로는 결코 해결될 것 같지 않다. 서로 인정하거나 공감하려 않기 때문이다. 한 가지 희망적인 출구는 우리 모두가 동의하고 공유하는 헌법적 가치와 헌정질서가 있다는 것이다. 그렇다. 서로의 논리로 합쳐지기 어렵다면 헌법대로 하면 된다는 것이다. 모든 문제를 헌법 정신으로 대화하고 해결하자.

5·18에 대한 추숭과 경외가 일반적이지만, 왜곡과 비난도 만만치 않다. 고발도 하고 재판도 하고 대응도 하지만 쉽게 멈출 것 같지 않다. 그래서 5·18의 정신을 헌법적 가치로 승화시키자는 논의는 다행스럽고 의미있는 작업이라 할 수 있다. 왜냐하면 우리나라의 주인은 국민이고 모든 권력을 국민에게서 나오는 바, 그 국민의 생명을 손상하고 앗아가면서 권력을 찬탈하고자 하는 신군부에 맞서 '국민'과 '국가'를 지켜낸 것이 바로 '5·18민주화운동'이기 때문이다. 만약 1980년 5월 신군부의 쿠데타에 맞서 어느 국민도 저항하지 않았다면, 그들이 7년 단임으로 권력을 내놓았겠는가? 직선제 개헌을 받아들였겠는가? 박정희 18년 독재정권이 반복되지 않았으리라고 누가 말할 수 있겠는가? 그때 광주시민이 분연히 일어나 '우리가 이 나라의 주인이다'고 외치며 항거하면서 목숨을 내놓고 '주인임을 행세했기' 때문에 우리는 5월운동을 통해 6월항쟁을 승리로 이끌고 6·29선언과 직선제 개헌을 이끌어낼 수 있었던 것이다. 1980년 광주시민과 전남도민은 '진정한 국민'이었던 것이다. 그 위대한 국민의 항쟁과 민주화운동을 국가적으로 기념하는 데에서 뛰어넘어 헌법 정신으로 승화시켜야 하는 역사적 당위가 여기에 있는 것이다. 그리하여 우리 헌법 전문에 '3·1운동으로 건립된 대한민국임시정부의 법통과 4·19

혁명, 부마항쟁, 5·18민주화운동, 6·10항쟁의 민주이념을 계승한다'고 선언함으로써 대한민국 국민이라면 누구나 '5·18정신'을 보편적인 역사인식으로 사유하고 기념하고 계승하고 실천하는 위대한 '민주국민의 시대'가 펼쳐질 수 있을 것으로 기대해본다.

불국토 이상국가를 꿈꿨던 무진주

오승주
전남대 사학과 4

무진주의 꿈을 찾아서!

주변 사람들에게 혹시 '광주'하면 떠오르는 종교가 뭐냐고 질문을 한 번 던져 보자. 아마 대부분의 사람들은 양림동의 기독교를 떠올릴 것이다. 물음을 바꿔 광주와 불교와의 상관성에 대해서 물어본다면, 대부분의 사람들은 고개를 갸우뚱 거릴 것이다. 얼핏 광주와 불교를 연결시키는 것은 무의미하거나 불가능한 일이라고 생각할 수도 있을 것이다.

그렇다면 사람들이 광주와 불교를 연관시키기 어려운 까닭은 무엇일까? 크게 3가지의 이유를 들 수 있을 것 같다. 첫째, 관련 정보와 학습의 부재 혹은 부족을 들 수 있다. 학창 시절을 생각해보면 딱히 광주지역의 불교문화유산에 대한 학습을 받아본 적이 없다. 만약 광주지역 불교문화에 대한 수업이 있었다면, 광주에 불교문화유산이 많다는 사실을 쉽게 알 수 있었을 것이다.

둘째, 광주시민이 갖고 있는 불교와의 심리적 거리감도 중요한 요소로 꼽힌다. 2015년 종교 인구조사를 보면, 광주광역시 전체 인구에서 약 9.5%(139,030)만이 불교신자임을 알 수 있다. 이는 개신교를 믿는 19.9%(292,140)와는 두 배 이상 차이가 난다. 다른 광역시와 비교한다면 그 차이는 더 커진다. 부산광역시는 약 28.5%(958,638명)가 불교 신자이고, 약 12.1%(407,659명)가 기독교 신자이다. 대구광역시는 23.7%(571,511명) : 12.0%(288,540명), 인천광역시는 8.7%(244,467명) : 23.0%%(642,515명), 대전광역시는 13.9%(209,450명) : 21.8%(327,421명), 울산광역시는 29.7%(333,441명) : 10.9%(122,159명)으로 각각 불교신자와 기독교신자의 비율 차이를 보인다. 기독교신자가 훨씬 많은 광주에 비해 부산, 대구, 울산에서는 불교신자가 기독교신자보다 수가 많다. 이로써 광주시민들이 종교적 감성 차원에서 불교에 대한 관심이 상대적으로 낮다는 사실을 확인할 수 있을 것이다.

마지막으로 증심사나 원효사 같은 사찰을 불교 문화유산이 아니라, 무등산에 속해있는 부속물로 인식한다는 점도 무시 못 할 특징이다. 광주사람들은 사찰을 갈 때, 절 방문 자체가 목적이 아니라, 무등산을 올라가다 만나는 장소로 인식하는 경향이 있다. 이는 사찰을 종교공간으로서 신성하게 받아들이는 것이 아니라, 산행의 길목에 위치한 휴식처로서 친밀하게 여기고 있음을 뜻한다. 이로 인해 광주시내에 존재하는 불교문화의 중심 공간으로서 증심사나 원효사의 위상을 드러내지 못한 결과를 낳았다고 볼 수 있을 것 같다.

광주 고지도의 한 가운데 사각형으로 위치하고 있는 것이 광주읍성이다. 읍성 뒤로 우뚝 서있는 산은 광주를 대표하는 무등산이다. 무등산과 읍성 사이에 탑과 부도가 있는 곳이 원효사이다. 원효사뿐만 아니라 지도 곳곳에 탑들이 있음을 알 수 있다. 지도에서 보듯이

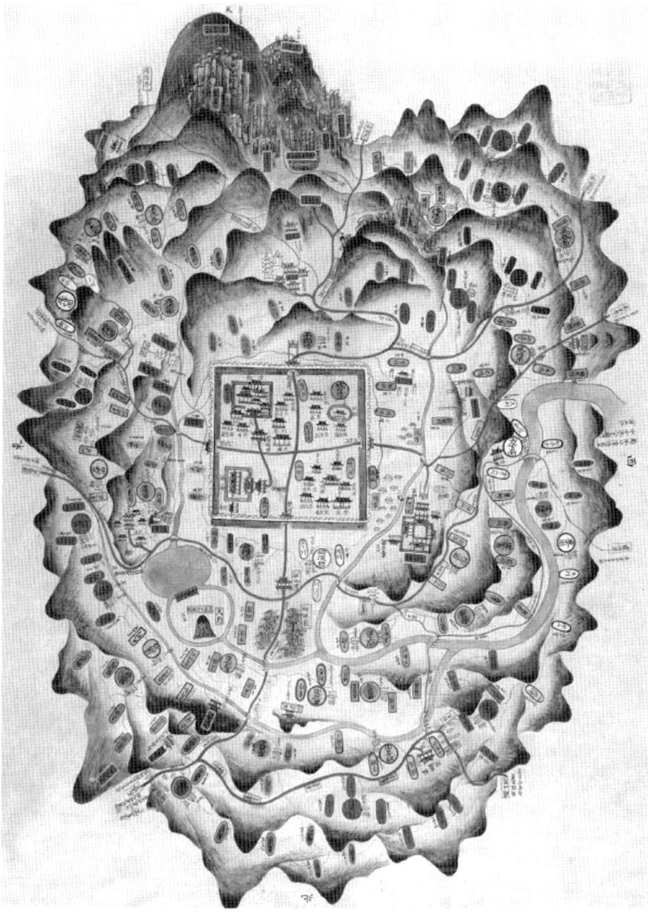

과거에도 광주에는 많은 불교 문화유산이 있었으며, 현재까지도 절과 많은 불교 문화유산이 있다.

우리가 쉽게 떠올리는 양림동 기독교와 관련 된 문화유산은 시도 유형문화재 1점, 시도기념물 1점이 전부이다. 그러나 광주 소재 불교 관련 문화재는 국보 1점, 보물 6점, 시도유형 문화재 14점 등을 포함하여 그 수가 훨씬 압도적으로 많다. 물론 단순히 문화유산의 수가 많다고 해서 그 종교가 훨씬 중요하다고 말할 수는 없다. 그러나 기독교 관련 문화유산은 국가지정 문화재가 한 점도 없다는 것에 반해, 불교 관련 문화유산은 7점 있다는 것은 광주와 불교를 좀 더 연관시켜 생각해볼 필요성이 있음을 말해준다.

따라서 광주의 속살을 들여다보는 하나의 방법으로서, 광주에 있는 불교유산을 살펴보는 것도 유효한 방법으로 여겨진다. 광주지역에 있는 불교 문화유산은 신라시대 9소경의 하나였던 무진주(武珍州)의 역사적 전통으로부터 출발할 것이다. 무진주가 꿈꿨던 '불국토(佛國土) 이상국가'의 흔적을 통해, 오늘날 우리가 꿈꿔야 할 '이상'은 무엇인지 속삭여 보고자 한다.

'무진주'의 명칭 유래

광주지역에 국가 단위의 사회가 등장한 시기는 삼국시대일 것으로 추측된다. '삼국지' 위지 동이전 한조의 기록과 출토된 유물 등의 정보를 종합적으로 고려할 때 마한지역 중 광주와 관련된 마한 내의 소국은 구사오단국(臼斯烏旦國)일 것으로 추정하고 있다. 백제의 근초고왕 대에 와서는 광주지역에 터를 잡았던 마한 세력이 완전히 백제의 지배하에 들어가게 된다. 행정구역 단위로서 광주가 역사기록에 처음 나타난 것은 백제 동성왕 20년(498) 때의 일이다. 백제시대 광주는 무진주라 불렸고, 호남 지역 및 제주도 지역의 조공을 거두어 들이는 경로로서 유력한 군사적·경제적 요충지였다.

광주는 통일 이후에는 주로 무진군(武珍郡), 무진주(武珍州), 무주(武州) 등으로 불렸다. 『삼국사기』에 따르면 신문왕 6년(686)에 무진군을 무진주로 바꾸었으며, 이후 경덕왕이 무주로 고쳤다. 당시 무주가 거느린 현은 3개였는데, 현웅현(玄雄縣: 지금의 남평)·용산현(龍山縣: 지금의 광산구 복룡동)·기양현(祈陽縣: 지금의 창평)을 말한다. 광주가 무주로 칭해진 것은 "신라가 그 땅을 모두 합병하여 웅주, 전주, 무주 및 여러 군현을 설치하고 고구려의 남쪽경계 및 신라의 옛 땅을 합하여 9주를 만들었다"는 『삼국사기』 무진주 조항을 통해서 알 수 있다. 즉, 신라가 삼국통일을 이룬 다음 경덕왕 16년(757)에 전국을 9주로 나누고 그 아래에 군현을 두었는데, 이때 무주로 바뀐 것이었다.

통일신라가 쇠퇴할 무렵 견훤은 무진주를 중심으로 후백제 건국의 기틀을 마련하였고, 무진주는 후백제의 전략적 중심지 역할을 하게 된다. 고려의 건국을 전후한 시기에 기존 무주 혹은 무진주라 불리던 이 지역은 '광주(光州)'라는 지명으로 불리기 시작하여, 고려 태조 23년(940)에는 광주가 공식적인 명칭으로 확정된다. 이후 여러 차례의 행정변화를 겪었지만, '광주'라는 명칭은 그대로 유지되는 경향을 보인다. 조선 건국 이후 광주는 농업지대에 위치한 큰 읍으로 존재하였으나, 정치적으로는 그리 중요한 역할을 수행하지는 못하였다. 광주는 전남지방의 한 중심 도시로서 성장해 왔지만, 나주의 역할에 비해서는 크게 두드러지지 못하였고, 또 이 지역 출신 인사가 중앙정계에서 주도적 위치를 차지한 경우도 드물었다. 다만 임진왜란의 와중에서 고경명과 김덕령 등 이 지역 출신의 의병활동이 두드러졌던 것은 큰 의미가 있다. 이들의 활약으로 전라도 지역이 온전하게 보전됨으로써, 식량의 산출 및 이순신 수군 활동의 기지로서 역할을 담당해 궁극적으로 국난 타개의 견인차 노릇을 하였다고 볼 수 있다.

무등산에 안긴 천년 고찰의 풍모

'무등산'은 불교적 사유를 내포한 산 이름이다. 『佛說十地經』(1권)에 의하면 '무등'(無等, asama)은 "대등한 것이 없을 만큼 뛰어난 부처님"을 가리키는 말이다. 무등산 정상인 천왕봉은 물론 지왕봉, 인왕봉, 비로봉, 반야봉도 불교에서 유래한 명칭이다. 사찰에 가면 쉽게 찾을 수 있는 사천왕상과 금강문, 비로자나불과 반야심경 등을 생각하면 된다. 이외 법화대, 설법대, 능엄대 등 십대석(十臺石)에도 불교식 이름을 붙인 경우가 많아서, 무등산은 불교와 인연이 깊은 산이라 할 수 있다. 최남선의 「심춘순례」에서는 "무등산에 절이 많아서 열 걸음마다 하나씩 있었다"고 전하고 있다. 무등산의 핵심이 불교임을 알려주는 언급이라고 할 수 있다.

무등산은 『삼국사기』에 무진악(武珍岳)이라는 명칭으로 처음 등장하는데, 소사(小祀)를 지내는 23곳 중 하나로 소개되고 있다. 『고려사』 잡지 제사 중 해양현(海陽縣) 조항에서 무등산에 대해서 "무진악(武珍岳)이라고도 하고, 서석산(瑞石山)이라고도 하며 신라에서 소사(小祀)로 하였고, 고려에서는 나라의 제사[國祭]를 지냈다"고 전하고 있다. 또한 지 악 조항에서는 "무등산은 광주의 진산(鎭山)이다. 광주는 전라도의 큰 읍인데, 이 산에 성을 쌓으니 백성들이 의지하여 안전하게 지내게 되어 즐거워하며 노래를 불렀다."고 하여 진산으로서의 의미를 부여하였다. 조선의 건국과 함께,

> 이조에서 경내의 명산(名山)·대천(大川)·성황(城隍)·해도(海島)의 신을 봉하기를 청하니, 송악(松岳)의 성황(城隍)은 진국공(鎭國公)이라 하고,

> 화령(和寧)·안변(安邊)·완산(完山)의 성황(城隍)은 계국백(啓國伯)이라 하고, 지리산(智異山)·무등산(無等山)·금성산(錦城山)·계룡산(鷄龍山)·감악산(紺嶽山)·삼각산(三角山)·백악(白嶽)의 여러 산과 진주(晉州)의 성황(城隍)은 호국백(護國伯)이라 하고, 그 나머지는 호국의 신이라 하였으니, 대개 대사성(大司成) 유경(劉敬)이 진술한 말에 따라서 예조에 명하여 상정(詳定)한 것이었다.
>
> - 『태조실록』 3권, 태조 2년 1월 21일, 2번째 기사 -

라고 하여 무등산을 '호국백'으로 논의하고 있음을 알 수 있다. 『세종실록』에서는 무등산에 대해서, "무등산은 무진에 있는데, 풍후하고 높고 커서, 신라에서는 소사(小祀)로 하였고, 고려에서는 나라 제사[國祭]를 지냈고, 본조(本朝)에서는 주의 관원으로 하여금 제사지내게 한다"고 하였다.

이처럼 무등산은 일찍부터 광주의 진산으로 자리매김된 까닭에, 삼국시대 이래로 많은 사찰이 세워지고 중창되면서 오늘에 이르렀다. 『신증동국여지승람』에 보면 무등산에 있는 사찰로는 무량사(無量寺)·천복사(薦福寺)·개룡사(開龍寺)·원효사(元曉寺)·증심사(證心寺)·안양사(安養寺)·금석암(錦石庵) 등이 있다. 그리고 무등산이 접하고 있는 창평현에 서봉사(瑞峯寺), 동복현에 안심사(安心寺)가 있다. 화순현에는 청공사(靑空寺)·장불사(長佛寺)·규봉사(圭峯寺)가 있으며, 만연사(萬淵寺)·연혈사(燕穴寺)는 무등산 자락인 나한산(羅漢山)에 있다. "무등산에는 '8藍9庵'이 있었다"는 구전이 있을 법하다. 무등산에 많은 사찰이 자리잡고 있었던 터라 곳곳에 불상, 석등, 부도 등 많은 유산이 남아 있다. 일제 강점기와 한국전쟁 등을 거치면서 유적과 유물들이 많이 부서지고 유실된 점이 아쉬울 따름이다.

원효가 창건했다고 알려진 원효사(元曉寺)

원효사의 창건 연대는 알 수 없으나, 신라의 지증왕이나 법흥왕 때(500~540) 세워진 것으로 추정되고 있다. 그 뒤 삼국통일을 전후한 문무왕 때 원효(元曉)가 이곳에 머물면서 암자를 개축한 뒤부터 원효사, 원효당, 원효암 등의 이름으로 불렸다고 한다. 『광주군사』에는, "원효사는 신라 흥덕왕 때 고승 원효국사의 창건으로써 풍치가 아름답고 고우며 광주에서 제일의 고찰이다"고 기록되어 있다. 그런데 617~686년이라는 원효의 생몰연대에 비교하면 약 2백년의 차이가 나므로 믿기 어려운 실정이다. 『무등산생태박물관』에서는 "고려 충숙왕 당시의 이름 있는 화엄종승(華嚴宗僧)이 창건한 뒤 원효를 사모하는 마음에서 '원효암'이라 했다"고 또다른 일설을 소개하였다.

해동 화엄종주 원효를 개산조나 창건주 혹은 중창주로 모시는 사찰은 모두 80여개 소에 달한다. 사찰의 명칭에 '元曉'를 붙인 것은 전남에서는 무등산 원효사가 유일하다. 전국적으로 보면 경기 1개, 전북 1개, 경북 2개, 경남 4개 등 모두 아홉 곳이 있다. 이들 대부분은 원효대사가 개창했다기보다는 후대 사람들이 원효대사의 후광과 법력을 사모하는 마음에서 사찰 명칭에 원효를 내세웠을 것으로 보인다.

원효대사의 창건설화가 전해지는 원효봉의 원효사는 의상대사가 수도했다는 의상봉을 마주하고 있다. 함명 태선(涵溟 太先)이 찬한 「무진주무등산원효암중수상량문」(1894)에 따르면, "서석산 북쪽에 원효암이 있었는데, 이는 일찍이 신라의 국사 원효스님이 산자수려함을 사랑하여 암자를 세워 이곳에서 지내셨으므로 '원효암'이라 이름한 것이다"라고 한다.

다만, 1980년 6월에 실시된 발굴조사에서 수집된 출토유물을 바탕으로 원효사 창사시기를 신라말기로 보는 견해도 제시되었다. 아울러 시대적인 배경으로서 신라의 하대에 새로운 선종사상이 도입되면서 광주에서 철감선사가 증심사와 약사사를 창건한 사례에 비추어, 원효사도 신라하대에 소규모 암자로 개창되었다가 고려 충숙왕대에 이르러 사찰로 중창된 것을 보는 의견도 있다.

『신증동국여지승람』(1530)부터 『광주읍지』(1924)까지의 기록에 나타난 원효사의 명칭을 표로 만들어 정리하면 다음과 같다.

원효사 관련 기록 일람표

신증동국여지승람 (1530)	동국여지지 (1660~1674 추정)	여지도서 (1759)	광주목지 (1798)	호남읍지 (1871)	광주읍지 (1895~?)	조선사찰사료 (1911)	광주읍지 (1924)
원효사 (광산)	원효사 (광주목)	원효사	원효사	원효사	원효사	원효암	원효암

원효사는 『동국여지승람』에 등재된 사찰이라 그 창건연대가 오래인 것을 알 수 있는데, 헌종 13년 최중묵(崔重默)이 지은 「원효암중건기(元曉庵重建記)」에 의하면 인조 14년(1636) 병자에 절이 불타자 비구 신원이 중수하였고, 회운선사가 정조 13년(1789)에 선방을 중창하고 순조 2년(1802)에는 법당을 중창하였으며 순조 31년에는 회운 제자인 내원과 의관이 중수하고 헌종 13년에는 내원이 칠성각을 신건하였다고 하였다. 그리고 인조 19년에 쓴 「법당중수기」에서는 정유재란에 불탄 후 광해군 원년에 석경이 중창하고 옥견이 단청

과 불과를 이룩하였다고 하고 있다. 그리고 인조 정축에 쓴 「불상기」에서는 이 해에 불상 32좌를 법당에 안치하였다고 한다. 이후 역사는 입증할 길이 없으나 조선 명종 때 문정왕후(文定王后)가 섭정하면서 이 원효사에도 많은 승려들이 모여 들어 사세(寺勢)가 다시 일어났으며, 선조 때의 승병장이었던 영규(靈圭)가 수도했던 곳이기도 하다. 정유재란 때 전소된 뒤 증심사(證心寺)를 중창했던 석경(釋經)이 직접 기와를 구워 중창하였다. 그 뒤 1636년(인조14)에 신원(信元)이, 1685년(숙종 11)에는 신옥(信玉)과 정식(淨式)이, 1789년(정조 13)에는 회운(會雲)이, 1831년(순조 31)과 1847년(헌종 13)에는 원담내원(圓潭乃圓)이 각각 중수하였다. 「무진주무등산원효암중수상량문」에 의하면, 1894년 학산대사(鶴傘大師)가 관청에 호소하여 100금의 재력을 시주받고 고을의 유지들의 도움으로 원효사(元曉寺)를 중건하였음을 알 수 있다.

천년고찰로서 원효사의 모습은 육당 최남선이 1925년 봄에 남쪽으로 국토순례하면서 지은 「심춘순례」에,

> 법당(法堂)과 범절(凡節)이 당당한 사찰의 풍모를 갖추었다. 본존인 석가여래상이 거룩하시고 사자의 등에 지운 대법고(大法鼓)는 다른 데서는 못 보던 것이다. 대웅전 오른편에 있는 영자전(影子殿)에는 정면에 달마로부터 원효(元曉), 청허(淸虛) 내지 서월(瑞月)까지의 대정(大幀)을 걸고 따로 1774년(영조 50)에 담양 서봉사에서 옮겨오신 원효화정(元曉畵幀)을 걸었다. 나한전(羅漢殿), 명부전(冥府殿), 선방(禪房), 칠성각(七星閣) 같은 것은 다 있고, 불상도 볼만하니 그래도 원효의 창사 이래 오랫동안 명찰(名刹)이던 자취가 남아 있다.

라고 전하고 있다.

원효사 경내에 현존하는 자료들을 통해 근년의 변화를 살펴보면 1927년 원담대사가 중수, 1930년에 지응현·김규 부부가 칠성당·심왕전 등을 대중수한 사실이 그의 공덕불망비에 전한다. 그리고 1938년 응담의 중수, 1944년 주지 김동성과 지응현의 석가탑, 관음탑 조성 사실이 전하여진다. 6·25의 화마로 소실된 사우는 1954~60년에 걸쳐 복구되어 오다가 1980년 주지 신법타에 의해 대웅전이 새롭게 중수되었다.

원효사를 오르는 길은 대표적인 드라이브 코스로 꼽힌다. 또한 원효사를 중심으로 펼쳐지는 절경을 원효팔경(元曉八景)이라고 한다. 누가 이름을 지었는지는 모르나 '원효팔경'이라 부르는 이유는 다음과 같다.

무등명월 無等明月	원효사에서 무등산 정상에 솟아오르는 달을 바라보는 운치
원효모종 元曉暮鐘	저녁 안개 사이로 들려오는 원효사의 종소리
의싱모우 義湘暮雨	의상봉에 내리는 서넉비
서석귀운 瑞石歸雲	서석대에 감겨드는 뭉게구름
안양노불 安養老佛	안양의 오래된 부처님
삼전열적 蔘田烈蹟	삼밭실에 서려 있는 충장공의 전설
만치초척 晩峙草笛	늦재에서 들려오는 나무
원효폭포 元曉瀑布	장쾌하게 쏟아지는 원효폭포의 물줄기

돌계단을 따라 회암루에 올라 바닥에 앉아 휴식을 취하면 한 폭의 산수화가 펼쳐진다. 원효사 방문 시 산수화를 바라보며, 자신만의 원효팔경을 만들어 보는 건 어떨까?

원효사에 있는 유물로는 원효사 동부도(元曉寺 東浮屠), 원효사소장 만수사법종(元曉寺所藏萬壽寺梵鍾), 원효사 출토유물(元曉寺出土遺物) 32점 등이 있다.

원효사 동부도는 광주광역시 유형문화재 제7호로 지정되었다. 부도는 승려의 무덤을 상징하며, 유골이나 사리를 모시는 곳이다. 우리나라에서는 당나라에서 선종이 들어온 9세기 이후 부도의 건립이 크게 유행했다. 아쉽게도 원효사에 있는 부도는 주인이 누구인지 정확히 알지 못한다.

네모난 바닥돌 위에 3개의 받침돌로 이루어진 기단(基壇)을 마련한 후, 탑신(塔身)을 올려놓은 모습으로, 바닥돌과 기단의 일부를 제외한 각 부분이 8각을 이루고 있다.

기단은 아래받침돌 윗면에 연꽃조각을 두르고, 옆면의 네 모서리에 숫사자와 암사자를 교대로 배치하였다. 가운데받침돌은 4면에 연꽃을 새기고, 네 모서리마다 사자와 용을 각각 암수로 나누어 조각하였다. 탑신의 몸돌은 너비보다 높이가 길며 약한 배흘림을 하고 있다. 윗면에는 기왓골과 여덟 모서리선이 뚜렷하고, 밑면에는 2중의 서까래를 조각하여 겹처마를 표현하고 있으며, 여덟 귀퉁이에는 꽃조각 대신 용, 다람쥐, 비둘기, 거북 등의 동물들을 조각하여 장식하였다. 통일신라의 8각양식을 따르면서도, 받침부분 일부에서 4각을 보이고 있고, 지붕돌의 동물조각 등이 전형에서 벗어나 있어 고려 후기의 작품으로 추측된다.

특히 이 부도에서 주목되는 것은 기단부 중석의 사면에 생긴 연꽃무늬이다. 정면에 보이는 연꽃은 이제 막 피려는 찰라에 있고, 그 다음 면에서는 약간 더 만개한 상태이며, 뒷면으로 돌아가서는 연꽃이 피어가는 과정을 통해 온 우주만물의 순리를 깨닫게 하고 한 인간이 열반에 도달하는 행로를 암시하는 것이다.

원효사 소장 만수사 법종은 광주광역시 유형문화재 제15호로 지정되어 있다. 조선시대에 만들어진 높이 86㎝, 몸체 높이 66㎝, 입지름 63㎝인 범종이다. 종을 매다는 부분인 용뉴는 각각 여의주을 물고 있는 2마리의 용으로 장식하였는데, 용머리 위에도 불꽃에 휩싸인 1개의 여의주을 장식하였다. 용머리 장식이나 발의 조각기법은 약간 경직되어 있다. 음통을 대신하여 종의 윗부분에 2㎝ 정도의 구멍을 종의 윗부분에 뚫었다. 종 위쪽 띠에는 범자 문양 띠를 둘렀고, 띠 아래에는 사각형의 유곽과 4구의 보살상이 동일선상에 번갈아 배치되었다. 유곽과 보살상 사이에 왕실의 안녕을 비는 글이 새겼다. 유곽 안에는 연꽃무늬의 바탕에 연봉오리 모양의 9개의 유두가 도드라지게 새겨 있다. 유곽 아래의 글로 보아 이 종이 1710년 만수사에서 만들었음을 알 수 있다.

원효사 대웅전을 신축하던 중 발견된 유물들은 원효사 출토 유물로 시도유형문화재 제8호로 지정되어있다. 원효사에서 발굴된 불상들 대부분은 소불상들인데 금동불상, 석불상 등도 다수 출토되었다.

이와 같이 다종다양한 불상들 가운데 고려시대 불상으로 추정되는 소불상군은 질량면에서 당대를 대표하는 불상군으로 매우 중요하다. 수 백점이 발굴되었으나 금동 청동 불상 12점, 소조불상 18점, 청동 거울 2점이 문화재로 지정되었다.

원효사에서 가장 추천하고 싶은 건물은 산신각이다. 생각컨데 원효사에서 가장 독특한 형태의 건물이다. 큰 암석, 두 개의 큰 기둥 위에 건물이 존재한다. 계단을 타고 올라가는 산신각에는 건물 안이 아니라 건물 밖에 산신이 존재하고 있다. 대부분의 건물이 평지에 건설되는 데 반해, 자연물을 이용한 점이 의미있다.

진심을 드러내는 증심사(證心寺)

무등산 자락의 중심 사찰인 증심사는 통일신라시대에 철감선사가 창건하였으며, 고려 선종 11년(1094)에 혜조국사가 수리하였고, 조선 세종 25년(1443)에 김방이 다시 지었다. 그 뒤 임진왜란(1592) 때 불타 없어진 것을 광해군 1년(1609)에 새로 짓고, 여러 차례 수리를 거쳐 오늘에 이르고 있다.

증심사는 무등산 서쪽 등산로 어귀에 자리잡고 있다. 사찰명에 대한 기록을 보면 『신증동국여지승람』(1530)이나 「유서석록」(1574) 등에는 증심사(證心寺)라고 기록되어 있으나 「중수약사전기」(1856)나 『광주읍지』(1926)의 사찰조에는 징심사라고 적혀 있다. 따라서 원래의 이름이 증심사라고 여겨지나 이것이 언제 어떤 연유로 증심사라 불렸는지 확실치 않다.

그 후 몇 차례의 보수를 거치면서 근년에까지 이르렀으나, 6·25

의 전화로 오백전과 노전(사성전)을 제외한 대웅전, 명부전, 극락전, 회승당, 취백루 등 조선 중기의 건축물들이 모두 소실되었고, 이들 전각에 봉안되어 있던 불상과 정화를 비롯하여 범종, 탑 등의 귀중한 문화재들이 막대한 피해를 당하였다.

증심사의 현존 건물은 오백전을 비롯하여 대웅전을 비롯하여 지장전, 비로전, 종각, 일주문 및 승방 등이 있으나 전화를 피한 오백전을 제외하고는 대부분 1970~80년대에 복원된 건축물들이다.

증심사에 있는 유물로는 광주 증심사 철조비로자나불좌상(光州 證心寺 鐵造毘盧遮那佛坐像), 증심사오백전(證心寺五百殿), 증심사삼층석탑(證心寺三層石塔), 석조보살입상(證心寺石造菩薩立像) 등이 있다. 증심사 철조비로자나불좌상은 보물 제131호로 지정되어 있다. 진리의 세계를 통솔한다는 의미를 지닌 비로자나불을 형상화한 작품으로 전라남도 광산군 서방면 동계리에 있던 것을 증심사로 옮겨온 것이다.

신라가 말기로 접어들고, 각 지역에서 호족들이 무력을 갖추며 독자적인 세력기반을 구축하던 시기에 한반도에는 철불이 유행했다. 철불 제작을 주도했던 세력은 당시 지방에서 새롭게 일어난 호족들이었다. 그들은 자신의 힘을 중앙정부나 주변에 과시할 필요가 있었다. 그러기 위해서는 강력한 무력을 상징하는 표상이 필요했고, 철은

차갑고 강인한 자신들의 마음을 표현하기에 적합한 재료였을 것이다. 따라서 이때 부드럽고 온화한 정형화된 부처님보다는 무인풍의 기상과 패기, 자신감 넘치는 철불이 대량으로 조성됐다.

재료 특성상 철불을 만들 때는 한번에 만들지 않고 각각 분할하여 주조하는 방법을 사용하였다. 현재 22기의 철불이 남아있는데, 증심사의 철조비로자나불좌상은 그 중 섬세한 작품으로 꼽힌다. 정면에서 보았을 때 외형틀을 나누었다가 이은 분할선이 거의 드러나지 않게 감춰져 있기 때문이다. 이를 통해 이 지역 조각장인들의 뛰어난 솜씨도 알 수 있다. 증심사 철조비로자나불좌상의 독특한 점은 수인에서도 찾을 수 있다. 수인(手印)은 부처의 손 모양이라고 생각하면 된다. 증심사의 불상은 비로자나불 특유의 수인인 지권인(智拳印)을 취하고 있다. 일반적으로 왼손 검지의 첫마디를 오른손으로 감싸 쥐는 수인인데, 이 불상에서는 좌우가 바뀐 모습으로 표현되었다. 증심사에 방문하여 직접 확인해보기 바란다.

증심사를 대표하는 건물을 하나 고르라고 한다면 아마 오백전일 것이다. 증심사에 있는 대부분의 건물이 한국전쟁 이후에 지어진 것

에 반해 오백전은 조선 초기에 세워진 건물로서 여러 차례의 보수를 거치며 지금까지 이르고 있다. 오백전 내부에는 석가모니불, 10대 제자와 16나한, 오백나한이 모셔져 있다. 증심사 오백전은 조선시대 전남지역에 세워진 유일한 오백전이라는 점에서 의의가 있다. 오백전에는 재미있는 설화가 내려오고 있다.

조선 세종 시절, 광주에 김방(金倣)이라는 사람이 있었다. 당시 가뭄이 잦아 고을사람들이 흉년에 시달렸다. 김방은 이를 안타깝게 여겨 당시로서는 큰 공사인 방죽 축조공사를 벌였다. 큰 못을 파서 무등산에서 흘러내린 물을 고이게 하여 농사에 쓰고자 하였다. 2년에 걸쳐 많은 노력을 기울여 방죽을 만들었으나, 그해부터 3년간 계속 가뭄이 들어 굶주리는 사람들이 늘어만 갔다. 김방은 사흘 밤낮 동안 식음을 전폐하고 하늘을 우러러 비가 내리기를 기원하였다. 기우제를 마친 날 밤, 김방의 꿈에 관음보살이 나타나 "증심사를 중건하여 오백전을 짓고 거기에 오백나한을 봉안하라"는 분부를 내렸다. 이에 김방은 서둘러 오백나한을 조성하고 증심사 중건에 나섰는데, 이 일에 부정을 탈까 염려하여 스스로 육식을 금하고 손수 공사현장에서 일꾼들을 격려하였다. 공사를 시작한 지 반년이 지나자 김방의 건강은 점차 나빠지고 과로로 인하여 몸은 여위어 갔다. 온 고을 사람들이 김방의 지성에 감복하며 그의 건강을 염려하여 여러 집에서 매일 닭을 잡아다가 김방에게 먹기를 권하였다. 김방은 백성들의 간절한 권함을 뿌리치지 못하고 닭똥집 몇 점만을 먹고 나머지는 일꾼들에게 고루 먹게 하였다. 이러한 김방의 노력으로 공사는 순조롭게 진행되었다. 그러던 어느 날 궁중에서 낮잠을 자던 국왕의 꿈에 난데없이 광주에서 왔다는 수백 마리의 닭들이 엎드려 아뢰기를 "어지신 임금이시여! 광주 땅에 김방이라는 자가 있는데 무등산 골짜기에 수천 명의 장정들을 모아놓고 군사훈련을 시키면서 역적모의를 하고 힘을 얻기 위하여 우리 닭들을 수백 마리씩이나 죽이고 있으니 임금께서는 이 축생들에게도 자애를 베푸시어 김방을 잡아 죽여주옵소서"라고 외쳤다. 깜짝 놀라 깨어난 세종은 지체없이 금부도사를 불러 3일 안으로 김방을 잡아올 것을 명령하였다. 금부도사가 이끄는 군졸들은 밤낮으로 말을 달려 광주에 이르러 곧바로 무등산으로 들어가려 하였다. 그런데 홍림교 근처에 이르자 갑자기 말들의 발이 땅에 붙어서 떨어지지 않았다. 기괴한 일에 당황한 군졸들이 말에서 내리려 하였으나 말 등에서 몸이 떨어지지 않아 움직일 수가 없었다. 한편 닭들의 꿈을 꾼 세종은 이상하게 여기며 그날 밤 침상에 들었는데, 어렴풋이 잠이 든 순간 어린 사미승 수백 명이 꿈에 나타나 "대왕께 아뢰옵니다. 어찌 영민하신 대왕께서 미미한 닭들의 참소를 들으시나이까? 김방이 매일 닭의 내장을 먹는 것은 사실이지만, 김방은 일찍이 김제의 벽골제를 중수하고 광주에 방죽을 만들었으며, 다시 힘을 모아 증심사를 중건하고 오백나한을 조성하려는 갸륵한 뜻에서 하는 일이오니 굽어 살피시어 금부도사를 곧 거두도록 분부하소서. 만일 그렇지 않으면 나라에 큰 환란이 있을 것이옵니다"라고 아뢰었다. 꿈에서 깨어난 국왕은 곧 명을 내려 금부도사를 돌아오도록 하였다. 금부도사 일행이 말에서 내리지 못하고 씨름하고 있을 때 멀리서 어명이 거두어졌음을 전하고 회군을 명령하자 비로소 말과 사람이 움직였다.

증심사 앞 광장에서는 매달 보름에 '무등산풍경소리'라는 작은 음악회가 열리고 있다. 2002년 증심사 주지스님과 생명과 환경을 생각하는 종교 모임, 무등산보호단체협의

회 등이 함께 시작하게 되었다. 우리가 이름만 들어도 알 수 있는 가수들도 온다고 하니, 음악회가 열리는 시기를 맞춰 증심사를 방문하는 것도 좋을 것이다.

천자가 제후를 봉할 때 내려 준 규봉암(圭峰庵)

규봉암의 확실한 창건연대는 문헌에 나타나지 않지만, 신라시대 의상대사가 창건하고 순응대사가 중창했다고 전해지고 있다. 『신증동국여지승람』에 보면 규봉사로 적혀있는데, 과거에는 그 크기가 훨씬 컸음을 짐작할 수 있다. 『여지도서』에 금폐되었다고 나와 있으며, 그 이후로 오랜 시간 폐허로 남아 있다가, 그 규모가 축소되어 중건되었다.

규봉암은 고려시대 왜구와의 격전지로도 유명하다.

> 왜적이 지리산에서 도망하여 무등산으로 들어가서 규봉사(圭峯寺) 바윗돌 사이에 목책(木柵)을 세웠는데, 삼면이 절벽이고 벼랑을 따라 작은 비탈길만 있어 겨우 한 사람이 통행할 수 있었다. 전라도 도순문사 이을진(李乙珍)이 결사대 1백명을 모집하여 높은 곳에 올라 돌을 굴려 내리고 불화살을 쏘아 목책을 불사르니, 적이 궁지에 빠져 벼랑에서 떨어져 죽은 자가 매우 많았고 나머지 적은 바다로 달아나서, 작은 배를 훔쳐 타고 도망하였다. 전 소윤(小尹) 나공언(羅公彦)이 빠른 배로 추격하여 모두 죽이고, 13명을 생포하였다.
>
> – 『고려사절요』 권31, 신우 2, 신유 여름 4월 –

규봉암은 무등산에서 빼어난 절경으로도 유명하다. 규봉암 뒤편으로는 웅장한 규봉이 펼쳐져있기 때문이다. 주변의 주상절리 기암괴석으로 된 광석대, 입석대, 서석대를 무등산의 3대 석경이라고 한다. 규봉의 웅장한 절경은 많은 사람들을 불렀다. 고려 명종 때의 시인 김극기(金克己)는 시를 읊기도 했으며, 제봉 고경명의 무등산 유람기인 『유서석록』에도 규봉의 절경이 나타나 있다. 규봉암까지 가는 길이 조금 멀기는 하지만 직접 가서 그 모습을 직접 보길 추천한다.

아픔 치료에 효험깊은 약사사(藥師寺)

증심사에서 조금 더 안쪽으로 들어가면 약사사가 위치하고 있다. 이 절은 무등산에서 유일하게 6·25때 피해를 입지 않은 곳이다. 약사사는 철감선사 도윤이 증심사를 세우기 전에 인왕사라는 이름으로 건립되었다. 고려시대 혜조국사가 중창하면서 이름을 약사암으로 바꾸었다. 1970년대 초까지만 해도 작은 절집이었으나, 1974년 이후 대웅전, 운림당, 일주문 등을 세워 오늘날의 모습을 갖추게 되었다. 규모가 확장되고, 사의 격을 갖췄던 절이었기 때문에 최근에는 약사암보다는 약사사라는 이름으로 불리고 있다. 약사사의 대표적인 유물로 석조여래좌상(石造如來坐像)이 있다.

광주 약사암 석조여래좌상은 보물 제 600호로 지정되어있다. 원래는 전라남도 지방 유형문화제 제16호로 지정되어 있었다. 학계에서 연구가 계속되어 통일신라 때 조성된 희귀하고 잘 보존된 불상이라는 조사보고서가 제출되어 1976년 보물로 지정되었다. 불상은 화강암을 사용하여 만든 약사불이다. 약사불은 질병을 고쳐주는 부처로, 통일신라시기에 유행하였다. 약사불이 좌상으로 만들어질 때에는 왼손을 다리 위에 올려서 약함을 들고, 오른손은 손가락을 펴서 땅을 가리키는 항마촉지인을 하거나 가슴 높이로 들어 엄지와 검지, 또는 중지를 맞댄 설법인을 한 경우가 많다. 이곳의 석조여래좌상은 약함이 없음에도 약사여래로 알려져 있는 것은 『약사전중수기』에 약사여래석불로 언급되었기 때문이다.

자줏빛 구름 가득한 자운사(紫雲寺)

자운사는 송광사의 말사로 무등산 장원봉 아래 위치했다가, 현재는 산 아래로 내려와 민가형 절집의 형태로 존재하고 있다. 작은 비구니 사찰로 그냥 지나치기 쉬웠던 자운사는 2006년 목조아미타불좌상(木造阿彌陀佛坐像) 및 복장유물(腹藏遺物)이 보물 1507호로 지정되면서 새롭게 각광받게 되었다.

자운사 아미타불은 1388년에 중수 개금한 내용의 복장기문이 발견되어 그 이전에 조성된 고려시대 불상으로 추정된다. 불상의 머리는 나발에 얼굴은 둥글고 양감이 풍부하지만 다소 경직된 느낌을 준다. 통견의를 걸치고 있으며 수인은 아미타 구품인의 설법인(說法印)을 하고 있다. 결가부좌를 한 하체는 넓고 건장한 상체에 비해 작게 표현되었다. 양식적으로 고려 후기의 이른바 단아한 양식의 불상으로부터 조선 전기의 불상양식으로 이행해가는 과정을 보여주는 것이라 할 수 있다.

복장 유물은 서지학, 불교학, 미술사에서 중요한 자료가 되며, 현재 순천 송광사 성보박물관에 보관되어 있다.

문채가 빛나는 수행공간 문빈정사(文彬精舍)

문빈정사는 1959년 장문빈 여사가 옛 절터에 창건한 사찰로, 증심사 계곡 초입에 위치하고 있다. 장문빈 여사는 원래 고향이 평양인데 홀로 광주로 와서 재산을 모아 문빈정사를 건립하게 되었다. 처음에는 태고종에 등록했으나 이후 조계종으로 개종했다. 문빈정사에는 『법계성범수륙승회수재의궤(法界聖凡水陸勝會修齋儀軌)』와 『천지명양수륙재의찬요(天地冥陽水陸齋儀纂要) 등 조선시대의 불서와 경전이 다수 소장되어 있는데, 2013년 12월 그 가치를 인정받아 '광주 문빈정사 소장 전적'이라는 명칭으로 광주광역시 유형문화재 제29호로 지정되었다.

문빈정사는 규모가 크지도 않고 연혁이 오래되지도 않았지만 불교정화운동과 민주화 운동의 산실이었다. 1980년대와 90년대 지선스님이 이곳에 주석하며 민주화 운동과 종단개혁에 앞장섰다. 이곳에서 창립된 '무등민족문화회'와 '문빈정사청년회'는 신도회와 더불어 민주화와 불교 자주화에 이바지하였고 특히 무등민족문화회는 훗날 불교운동을 이끌었던 '정토구현전국승가회'와 '실천불교전국승가회', '민족자주통일불교운동협의회', '전국불교운동연합'의 모태가 되었다. 문익환, 고은, 김지하 등의 민주인사들이 나라와 민족을 위한 강연이나 담론을 하였던 곳이며, 김남주 시인이 지선스님의 주례와 고은 시인의 사회로 혼례를 올린 곳이기도 하다.

빛고을을 진짜로 빛내주는 문화유산

무등산 자락의 불교 문화유산 외 광주시내에도 다양한 불교문화재가 남아 있다. 먼저 '(傳)광주 성거사지 오층석탑'이 있다. 광주공원에서 고개를 오르다보면 흔히 '성거사지 오층석탑' 혹은 '서오층석탑'으로 불리는 탑을 만날 수 있다. 이 석탑은 1963년 보물 제109호로 지정되었다. 도심 속에서 보물로 지정된 석탑은 만난다는 것이 쉽지만은 않다. 성거사지 오층석탑 속에 담긴 이야기를 듣는다면 더 오묘하게 다가올 것이다.

오래전 성거산에는 성거사라는 절이 있었다고 한다. 현재는 남아 있지 않고 기록으로만 그 흔적을 찾을 수 있다. 광주 사람들은 성거

산이 거북을 닮았다고 생각해 아주 상서롭게 여겼다. 상서로운 거북이가 멀리 떠나버리면 안된다는 생각에 사람들은 산 중턱에 사찰을 짓고자 했으나 계속 실패했다. 그러던 어느 날 길을 지나가던 스님이 거북의 약점은 목이니, 목에 해당하는 부근에 탑을 지을 것을 이야기했다. 거북 목 부근에 세운 탑이 바로 성거사지 오층석탑이다. 오늘날 광주가 번영하고 있는 것이 이 거북이가 광주를 떠나지 않고 지켜준 덕이라는 설도 있다.

1층 기단에 5층 탑신을 세운 석탑으로 통일신라시대에서 고려시대로의 양식변화를 보여준다. 또 지붕돌 추녀와 몸돌의 알맞은 비례감과, 위로 오르면서 줄어드는 비율이 크지 않아 전체적으로 높게 보이면서도 안정감이 있다. 1961년 해체하여 보수할 때 2층에서 사리장엄구가 발견되었다. 사리갖춤은 현재 국립 광주박물관에서 전시되고 있다.

다음으로 '광주 지산동 오층석탑'이 있다. 광주시내에 상당한 거리를 두고 2기의 탑이 떨어져 있다. 서쪽에 위치한 것이 앞서 살펴본 성거사지 오층 석탑이고, 동쪽에 위치한 것이 바로 지산동 오층 석탑이다. 백천사지로 추정되는 곳에 위치하고 있으며, 과거에는 동오층석탑으로 불리기도 하였다. 현재 보물 제110호로 지정되어 있다.

탑의 구성은 2단의 기단위에 5층의 탑신을 세운 형태로 신라석탑의 기본형을 잃지 않고 있다. 기단부와 탑신부가 완전한 반면 상륜

부는 노반과 복발만 남고 나머지 일부가 빠져 찰주가 노출되어 있다. 탑의 받침대 역할을 하는 기단부는 여러 개의 돌을 짜 맞추어 구성하였으며, 탑신부의 몸돌과 지붕돌은 각각 하나의 돌로 이루어졌다. 1955년 해체, 수리할 때 4층 지붕돌 윗면에서 사리장치가 발견되었고 1961년에 다시 수리를 하여 일부 석재를 보완하였다. 광주 전남지방에 남아있는 몇 안되는 5층석탑 가운데서도 우수한 통일신라 후기의 석탑이다.

이외 십신사지석불(十信寺址石佛)과 십신사지석비(十信寺址石碑)가 있다. 십신사는 고려 문종 때 창건하였으나, 창건자는 미상이다. 조선 중종 때까지는 유지되다가 임진왜란 때 소실된 것으로 추정하고 있다. 십신사지석불과 십신사지석비가 각각 광주광역시 유형문화재 제2호와 제3호로 지정되어 있다.

십신사지석불은 대황사 절터에서 발견되어 구 광주농고터로 옮겼다가 다시 광주시립박물관으로 옮겨 보관하고 있다. 8각의 돌기둥 표면에 불상, 대좌 등을 간략히 표현하였다. 이 석상은 조형미보다는 그 규모가 우선 중시되는 일련의 고려시대 석불의 하나로, 고려시대 지방양식을 잘 보여주고 있다.

십신사지석비는 십신사터에 남아 있던 비로, 1990년 10월 11일 광주시립박물관으로 옮겨 세웠다. 비는 거북받침돌 위로 비몸을 세우고 지붕돌을 얹은 형태이다. 비몸에는 앞면 윗부분에 '범자(梵字:

불교문자)'자를 새긴 후 그 아래에 세로로 비문을 새겼는데, 이 때문에 '범자비'라고 부르기도 한다. 비문에는 질병을 막고 장수를 기원하는 내용이 담겨 있다. 1978년 2월 보수공사 때 비 끝부분에서 '정사년(丁巳年)'이라는 글이 발견되어 조선 세종 19년(1437)에 이 비를 세웠을 것으로 추정하고 있다. 황해도 해주와 평안북도 용천에 있는 비와 함께 몇 안되는 범자비로서 그 가치가 높다.

다음으로 운천사 마애여래좌상을 들 수 있다. 원효대사가 무등산 원효사에 머물던 어느 날, 서쪽 하늘에 상서로운 기가 가득함을 보고 제자 보광화상을 그곳에 보냈더니 뜻밖에 큰 바위에서 빛이 솟아 나오므로 그곳에 이 불상을 새겼다고 한다. 그렇게 새겨진 불상이 운천사 마애여래좌상(雲泉寺磨崖如來坐像)이다. 현재 광주광역시 유형문화재 제4호로 지정되어 있다.

전설과는 달리 형태로 보아 고려시대 제작된 것으로 추측하고 있다. 근엄한 얼굴, 딱딱한 신체, 형식화된 옷주름, 어색하게 표현된 손가락 등 고려시대 마애불양식의 일면을 보여주고 있기 때문이다. 거대한 자연 암벽에 새긴 불상에 비하여 절과 법당은 작은 편이다. 얼굴에 비해 몸이 지나치게 과장되었고, 어깨와 손이 크다. 손에 약그릇을 쥔 것을 보아 약사여래상으로 추측할 수 있다. 2002년 대웅전을 창건하여 현재는 마애여래좌상을 실내로 모셨다.

우리의 이상국가를 꿈꾸며

앞서 우리는 광주에 있는 다양한 불교 문화유산을 살펴보았다. 원효사, 증심사 등과 같이 자주 들리는 곳도 있고, 난생 처음 들어본 것들도 있을 것이다. 책에 나타난 유산들을 제외하고도, 광주광역시 유형문화제 제12호 신룡동 오층석탑, 제27호 광주 덕림사소장 지장보살상과 시왕상 및 그 권속 등 더 많은 유산들이 있다. 아마 대부분의 사람들이 광주에 이렇게 많은 불교 유산들이 있는지 잘 몰랐을 것이다.

광주와 불교를 연결시키기 어려운 것은 크게 관련 교육의 부족, 심리적 거리감, 불교 문화유산의 독립적 인식 부족으로 정리할 수 있다. 교육의 부족 측면은 최근 들어 많이 해소되고 있다. 한 예시로 지역 문화단체와 초등학교가 서로 연계하여 지역 문화재에 대한 수업을 진행하고 있다. 그러나 여전히 심리적 거리감과 독립적 인식 부족은 지속되고 있다.

사람들이 불교를 좀 더 친숙하게 여기기 위해서는 개개인들의 관심과 노력도 필요하지만, 불교관련 단체가 시민들에게 더 가까이 다가가려고 시도해야 한다. 기독교와 천주교 관련 행사들은 다양하고 홍보도 잘 되는 반면, 불교 관련행사들은 홍보가 미비한 것이 현실이다. 종교의 차원을 넘어서 문화측면에서 접근한다면, 광주시민들이 불교를 이해하는데 더 도움이 될 것이다.

이 글을 통해 광주에 불교 문화유산이 많음을 인지하는 것을 넘어서, 광주와 불교를 한번 더 연관시켜 생각해보는 계기가 되었으면 좋겠다. 또한 불교 문화유산을 직접 찾아가는 기회를 갖는다면 더 좋을 것이다.

참고문헌

- 『삼국사기』, 『고려사』, 『세종실록』, 『신증동국여지승람』
- 이분희, 「광주 자운사 목조아미타불좌상」, 『성보』 6, 대한불교조계종 성보보존위원회, 2004.
- 최몽룡, 「광주(光州) 십신사지(十信寺址) 범자비(梵字碑) 및 석불이전(石佛移轉) 시말」, 『고고미술』 139권 0호, 1978.

- 국립경주박물관, 『元曉大師』, 2010.
- 국립광주박물관, 『원효사』, 1983.
- 김덕진, 『무등산 옛길 위의 광주』, 한국문화원연합회 광주광역시지회, 2011.
- 노성태, 『광주의 기억을 걷다』, 도서출판 살림터, 2014.
- 박선홍, 『무등산』, 책가, 2013.
- 박춘규·천득염, 『光州의 佛蹟』, 1990.
- 신법타, 『무등산 원효사』, 1980.
- 이고운·박설산, 『명산고찰 따라』, 신문출판사, 1987.
- 최완수, 『명산순례』, 대원사, 1997.
- 향토문화개발협의회, 『광주의 불적』, 광주: 광주시, 1990.

- https://www.wonhyosa.org 대한불교조계종 무등산 원효사
- http://www.jeungsimsa.org/ 대한불교조계종 무등산 증심사
- www.heritage.go.kr 국가문화유산포털
- http://www.museum.go.kr 국립중앙박물관
- http://www.beopbo.com 법보신문
- http://www.seogu.gwangju.kr 광주광역시 서구 문화관광
- http://culture.gwangsan.go.kr 광주광역시 광산구 문화관광

'同經異感'과 待春의 거리 측정론

김지수
전남대 사학과 3

춘산(春山)에 불이 나니 못다 핀 꽃 다 붓난다
저 뫼 저 불은 끌 물이나 있거니와
이 몸의 내 업슨 불이 나니 끌 물 업서 하노라

추운 겨울을 지나 봄을 맞이해 산 곳곳에 피어난 꽃들을 상상해 보자. 꽃들은 저마다의 아름다움과 생명력을 뽐내며 봄 소식을 전할 것이다. 뒤늦게 봄이 왔음을 알아차린 꽃봉오리들은 서둘러 꽃을 피워낼 준비로 분주하다. 예나 지금이나 사람들은 이러한 봄의 정취에 취해 노래를 부른다. 옛 선비들의 풍류가에도, 오늘날 벚꽃엔딩 속에서도 봄은 낭만의 계절이다. 위 시조 역시 「춘산곡(春山曲)」으로 봄의 산을 소재로 노래하고 있다. 하지만 시조 속 화자는 봄의 정경에는 관심을 두지 않는다. 오히려 산불은 물로 끌 수 있으나 이 몸에 난 불을 끌 물이 없음을 한탄할 뿐이다. 시조 속 그는 누구이고, 어떠한 마음이었을까?

사직공원에 위치한 김덕령 장군 시비

김덕령 장군 영정

시조의 지은이는 김덕령(金德齡, 1568-1596)이다. 그는 죽음을 앞두고 이 시조를 읊었다. 김덕령은 역적의 누명으로 인한 억울함을 몸에 난 불로 표현해 그의 결백함을 드러냈다. 그가 이몽학의 난을 진압하러 가던 중, 난이 이미 진압되었다는 소식을 듣고 진주로 돌아간다. 이 때 그는 이몽학과 내통하였다고 모함을 받게 된다. 이후 20일 동안 여섯 차례에 걸쳐 고문을 받았다. 결국 그는 29세의 나이에 역적으로 몰려 옥사한다. 그의 마음을 위로하듯 그의 죽음 뒤에도 그의 태생과 활약상, 죽음은 수많은 설화로 현재까지 전해지며 애달픔을 더하고 있다.

임진왜란이 끝난 뒤 김덕령이 용력이 있으면서도 출전하지 않았다고 하여 나라에서 역적으로 몰아 죽이려고 했으나 죽일 수가 없었다. 이 때 김덕령이 "나를 죽이려면 '만고충신 효자 김덕령'이란 비를 써달라."고 요구하여 그대로 하자, "내 다리 아래의 비늘을 뜯고 그곳을 세

번 때리면 죽는다."고 알려 주어 죽음을 당했으며, 죽은 뒤 비문의 글자를 지우려고 해도 더욱 또렷해지자 그냥 두었다 한다.

– 구전 설화에 나타난 김덕령 장군의 죽음 –

그는 죽은 지 64년 후, 1661년에 이르러 비로소 신원되고 임진왜란에서의 공훈이 인정되었다. 정조는 그가 태어난 곳에 충효라는 이름을 하사했고, 지금의 광주광역시 충효동의 유래가 되었다. 이어 충장(忠壯)이란 시호를 받았다. 시호 교지에는 충장이란 이름의 유래가 나타나 있다. 위험을 무릅쓰고 임금을 위해 봉사했으므로 충(忠), 무예에 대한 재능과 함께 매사에 신중했으므로 장(壯)이란 이름이 내려졌다. 현재 그는 충장사(忠壯祠)에 봉안되어 있어 그의 흔적을 찾을 수 있다.

해방 이후, 그는 '충장로'라는 도로명을 통해 다시 광주에 나타난다. 충장로라는 이름은 1947년에 생겨났으나 현재와 같은 거리 체계 확립은 1930년대까지 거슬러 올라간다. 일제강점기 현재의 충장로는 혼마치, 본정(本町)이라 불렸다. 일제는 지금의 충장로를 비롯한 금남로에 전략적으로 지배기구를 배치해 나갔다. 충장로에는 행정지배기구였던 광주군청, 광주성을 공격하는 의병들을 진압했던 광주수비대가 자리했다. 금남로에는 전라남도 경무부, 광주경찰서, 광주 지방법원 등이 위치해 식민 지배체제를 확립했다.

이러한 공간적 배치를 통해 충장로는 일제에 의한 안전이 가장 잘 보장되어 일본인들의 상가가 번성해 갔다. 반면 한국인들은 점차 도심의 외곽으로 밀려나가게 되었다. 이에 따라 충장로는 일제를 향한 불만의 대상이었고, 조선의 해방을 위해 반드시 되찾아야 할 거리가 되었다. '충장'이란 도로명은 일제의 흔적을 지움과 함께 한국인들의 불만을 종식시키기 위한 노력으로 볼 수 있다.

이후 김덕령 장군이 충장로에서 생전에 못 다 누린 봄의 정취를 느꼈을지는 모르겠다. 충장로에서는 다시금 억울한 죽음들이 되풀이되었고, 그는 매번 이를 지켜봐야 했을 것이다. 수백 년 전 외세의 침략에 맞서 국가를 지켜냈듯 충장로에서는 시대의 변화에 따라 새로운 가치들을 지키기 위한 노력이 이어졌다. 이를 위해 많은 이들의 희생이 뒤따랐다. 때문에 봄이 왔음에도 봄 같지 않은 나날들이 계속되었다.

4월은 가장 잔인한 달
죽은 땅에서 라일락을 키워내고
기억과 욕망을 뒤섞고
봄비로 잠든 뿌리를 뒤흔든다.
겨울은 따뜻했었다.
대지를 망각의 눈으로 덮어주고
가냘픈 목숨을 마른 구근으로 먹여 살려 주었다.

또 다시 찾아 온 봄, 충장로는 잔인한 봄을 맞이한다. 엘리엇은 그의 시, 「황무지」에서 '4월은 가장 잔인한 달'이라 말했다. 반면 겨울은 '대지를 망각의 눈으로 덮어주는' 따뜻한 계절로 묘사했다. 역설적으로 4월은 눈 속에 파묻힌 진실과 마주하는 계절을 의미한다. 계절의 순환은 봄비로 하여금 눈을 녹여냈고, 겨우내 잠들어 있던 진실의 뿌리를 뒤흔들었다.

1960년 3월 15일 행해진 대대적인 부정선거는 느즈막히 내린 봄

눈이었다. 이승만 정부는 자유당 부통령 후보인 이기붕을 당선시키기 위해 불법적인 수단을 사용했다. 공포 분위기를 형성해 유권자를 위협했으며, 대리투표와 투표함 바꿔치기, 득표수 조작 등의 방법을 서슴치 않았다. 시민들은 비민주적으로 치루어진 선거에 분노했으며 이는 4·19 혁명의 계기가 되었다.

진정한 봄을 기대하는 사람들에게 겨울은 더 이상 따뜻하지 않았다. 그러나 봄을 원치 않았던 사람들에게 진실을 요구하는 봄비는 잔인했다. 그 잔인함은 부정과 폭력을 낳았고 얼어붙은 봄을 더욱 황폐화시켰다. 4월 19일, 전국에서 부정선거를 규탄하는 시위가 일어났다. 이중 부산과 광주에서는 경찰의 발포가 있었으며, 사상자가 100여 명을 넘었다. 광주에서는 광주고등학교생들을 중심으로 일어난 시위에 경찰들은 총을 발사했고 백여 명의 학생이 총상을 입었다.

그로부터 20년 후 1980년의 봄은 어떠했을까. 유신 독재가 막을 내리고 사람들은 '서울의 봄'을 즐겼다. 그러나 긴 겨울 끝에 찾아온 봄은 너무나 짧게 끝났다. 춘래불사춘(春來不似春), 오랑캐의 땅에 꽃과 풀이 없으니 봄이 와도 봄 같지 않다며 왕소군이 했던 말이다. 1980년 광주의 봄도 이와 같았다. 봄의 따뜻함을 느낄 새도 없이, 광주의 봄은 치열했다.

도청 앞 광장은 전라남도 지방경찰청, 광주경찰서 등과 가까웠다. 또 광주 시내에서 가장 넓은 장소로, 충장로를 거닐던 사람들이 쉽게 참여가 가능했다. 그들은 계엄해제와 김대중 석방을 외치며 집회를 이어갔다. 정부는 모든 통신수단과 교통수단을 끊어 광주를 고립시켰다. 순식간에 광주의 민주화 운동은 외부에서 잠입한 불순분자 폭도들이 일으킨 난동으로 둔갑했다. 5월 27일 계엄군이 전남도청을 점령하며 5·18이 종결되었으나, 언론은 이를 북한의 남파 공작원에 의해 발생한 사건, 김대중 내란 음모 사건과 연계된 것으로 왜곡했다. 억울한 누명과 부당한 죽음을 보며 김덕령은 또 다시 몸과 마음이 불에 타는 듯 했을 것이다.

시간이 지나 5·18에 대한 진상규명이 이루어졌다. '광주사태'로 불렸던 5·18민주화운동은 1995년에 비로소 민주화운동으로 인정받았다. 그러나 여전히 5·18에 대한 폄훼와 왜곡은 계속 되었다. 교묘한 가짜뉴스부터 개인의 유투브 채널에 이르기까지 잘못된 정보의 생산과 재생산, 확산이 더욱 쉬워졌고 5·18을 둘러싼 논쟁을 가속화하고 있다. 이는 여전히 5·18이 현재진행형이라고 불리는 이유이다.

한편 1997년, 전두환은 내란 및 뇌물수수 혐의로 무기징역형을 선고받고 추징금 2205억 원이 부과되었다. 그러나 추징금 중 1030억 원만 강제집행 되고 나머지는 '전 재산이 29만 원 밖에 없다'며 내지 않은 채 버티고 있다. 최근 '전두환 회고록'에서는 자신은 "5·18 광주민주화운동의 제물이었다"고 주장하기까지 했다. 그의 이 같은 행동은 여전히 광주의 봄을 빼앗아 내놓지 않는 것으로 보인다.

충장로에서는 여전히 각종 시위와 민주화 관련 행사들이 개최되며 충장로만의 특징을 이어가고 있다. 충장로에서 대규모 시위가 가능했던 이유는 첫 번째로 충장로의 역사성을 들 수 있다. 충장로에서는 지속적으로 시위가 이루어져 왔고 시위의 공간이라는 인식을 서로 공유해 왔기 때문이다. 여전히 충장로는 크고 작은 시위의 공간으로 역할을 하고 있다.

2016년 시민들은 다시 5·18 민주광장에 모였다. 부모님 손에 이끌려 온 어린 아이부터 학생들을 포함해 수만 명의 광주 시민들이 모였다. 이들은 국정농단 사태에 대한 비판의 목소리를 하나로 모아 거대한 시위를 이루었다. 80년 민주화 운동 당시의 횃불 시위를 재현했고, 촛불과 휴대전화 점등 집회, 금남로와 충장로 거리행진이 이어지며 시위의 형태 또한 다양했다. 전국적으로 행해진 시위는 대통령 탄핵으로 이어졌고, 이듬해 봄 선거를 가능케 하여 '장미대선'을 꽃피울 수 있었다.

두 번째로 충장로가 소비공간이었다는 점이다. 충장로는 소규모 개인들의 만남과 모임의 장소로 쓰였다. 더 나아가 충장로는 다수의 시민들을 결집하고, 응집하는 역할을 했다. 광주의 '시내'란 예로부터 충장로를 가리켰으며, 1970~80년대를 중심으로 가장 번창했다. 이 시기를 추억하기 위해 매년 10월에는 7080시기의 거리를 재현하는 충장축제가 열린다. 7080세대는 그 시절을 되돌아보며 추억에 잠기고, 다른 세대들은 부모님을 따라, 혹은 친구와 연인들끼리 간접적으로 그 시기를 체험할 수 있다.

7080 추억의 충장축제의 모습

지금은 사라졌지만 당시 충장로에는 나라서적이나 삼복서점, 충장서림 같은 규모 있고 유서 깊은 큰 책방들이 있었다. 나라서적 근처의 우체국은 '우다방'으로 불리며 약속을 기다리는 이들로 붐볐다. 현재는 충장서림만이 남아있고, 알라딘 중고서점이 생겨났다. 충장로에만 있었던 무등극장, 제일극장, 광주극장과 같은 영화관은 CGV, 롯데시네마 등 대기업의 영화관에 자리를 내주었다. 그럼에도 광주극장만은 그 자리에서 독자적인 모습을 이어가고 있다.

25시 레코드같은 오래된 레코드 가게들은 음악을 복제해주고, 가게에서 들려오는 음악 소리가 끊이지 않던 골목들도 있었다. 25시 레코드는 현재 25시 음악사로 여전히 음반을 판매하고 있다. 아이돌 가수의 음반발매 날마다 북적이는 모습을 쉽게 볼 수 있다.

충장로만의 먹거리도 있었다. 궁전제과와 같은 최고의 제과점이 있었고, 화신이나 청원모밀같은 모밀집들이 있었다. 화신모밀과 청원모밀은 여전히 충장치안센터 옆에 위치해 충장로를 찾는 사람들을 반겨주고 있다. 궁전제과 역시 빵냄새를 풍기며, 사람들의 발길을 붙잡는다. 냄새에 이끌려 들어가면 다양한 빵들을 구경하는 재미도 있다. 궁전제과는 이제 광주뿐 아니라 전국에서 유명한 빵집이 되었다. 학생회관 뒷골목으로 가면 참새구이와 가락국수를 파는 포장마차촌과 상추튀김 가게들이 있었다. 현재의 학생회관은 청소년 삶디자인센터가 자리해 진로체험의 장소로 활용되고 있고 그 주변의 모습도 많이 바뀌었다.

또 과거와 비교해 달라진 점을 찾자면 NC웨이브, 와이즈파크, 갤러리존 등 대규모 복합상가들이 눈에 띤다. 특히 와이즈파크 내에는 오락실, 실내동물원, 롤러장, 제빵체험 등이 위치해 풍성한 놀거리를 제공해주고 있다. 여전히 충장로는 광주의 시내 역할을 하고 있다. 명절이 지나면 용돈으로 주머니가 가득한 학생들이 거리를 가득 채우고, 평일 오후 많이 보이는 교복을 보면 시험이 끝난 학교를 한눈에 알아 볼 수 있다.

충장로는 50년대까지만 해도 정치적 혼란이 남아있던 곳이었다. 사실상 개점휴업 상황이었으며, 당시 상거래 중심지는 충장로가 아닌 양동시장, 동문시장, 금동시장 등 재래시장이었다. 양동시장 장날에는 충장로가 한적하기까지 했다. 시들했던 충장로가 활기를 얻은 것은 1950년대 후반부터 잡화점 상가가 형성되면서 부터이다.

60년대에는 본격적으로 잡화점과 양품점이 성행했다. 423곳 중 98곳이 잡화와 양품을 취급하던 점포였고, 충장로 어디를 가나 볼 수 있었다.

충장로 5가 입구에서 충파 방향의 모습

보석상, 양복점, 한옥집이 밀집된 충장로 4가의 모습

70년대에 들어서는 잡화점이 점차 사라져갔다. 호남고속도로의 개통으로 대부분의 소매상들이 서울, 부산 등지의 도매상과 직거래를 하며 도매상들이 점차 설 자리를 잃었다. 유통구조 또한 전문화되어 대기업의 대리점이 증가했고 잡화점의 감소로 이어졌다. 반면 양복점, 양장점 우세는 두드러졌다. 그 때 당시 기성복에 대한 평판이 낮았고, 기성복 시장 역시 협소했다. 아케이드와 같은 대형매장의 출현도 주목할 만하다. 충장로 곳곳에 동아아케이드, 고려아케이드, 부레옥백화점이 문을 열었다. 매장을 여러 독립 소매상에게 빌려주고 각기 독자적으로 경영하는 임대백화점의 성격을 띠었다.

그러나 80년대에 이르러서는 기성복시장에 변화가 생겼다. 교복자율화를 통해 주니어복 붐이 일어났고, 거의 모든 상품에 기성품 시대가 도래했다. 특정브랜드 쏠림현상 또한 두드러져 이들 브랜드 대리점이 충장로를 휩쓸었다. 또 이 시기 충장로의 공간은 지하로 까지 확대되어 충금 지하상가 건설해 상권에 변화가 나타났다. 80년대 후반에는 화니, 가든, 태산, 호남 백화점이 출현했다가 외환위기를 겪으며 문을 닫거나 영업형태를 전환했다.

90년대 후반에는 프랜차이즈 점포가 급증했다. 19997년 외환위기 후 직장을 나온 사람들 자영업에 몰리며 크게 유행을 탔다. 오늘날의 충장로 역시 프랜차이즈 점포수가 70%로 추장되며 브랜드 화장품 점포, 커피전문점, 의류매장 등 다양한 형태로 남아있다. 2000년대가 되어서는 중년층을 겨냥했던 백화점과 달리 젊은 소비층을 대상으로 하는 대형 쇼핑몰이 등장한다. 갤러리존, ABC마트, 와이즈파크, NC웨이브 등 오늘날 우리가 충장로에서 보는 대형 쇼핑몰이 생겨났다.

모로 가든 서울만 가면 된다고, 어쩌면 길이란 단순히 목적지까지 가기 위한 과정에 지나지 않는다. 하지만 충장로는 길 자체로 사람들에게 목적지가 되어주었다. 사람들은 충장로와 이어진 곳곳의 길들을 따라 충장로로 모여든다. 실제로 광주광역시의 도로원표는 충장로에 위치해 타 지역과 광주 사이의 거리 측정 기준이 된다. 따라서 충장로는 광주뿐 아니라 전국의 길을 연결해주는 역할을 한다.

충장로는 길과 길을 연결하고, 사람과 사람을 이어주었다. 봄이 겨울을 지난 이들에게 따뜻함을 선물하듯, 긴 시간 동안 수많은 봄을 맞이하며 충장로는 그를 찾는 이들에게 불의에 맞설 수 있는 용기를 선물했다. 앞으로도 충장로는 사람들의 용기를 모아, 더 나은 세상을 위한 원동력이 되어줄 것이다. 그래서 나는 매년 봄을 기다리듯, 충장로를 기대한다.

참고문헌

- 정호기, 「지배와 저항, 그리고 도시공간의 사회사 -충장로와 금남로를 중심으로」, 『현대사회과학연구』 제7권, 1996.
- 광주광역시립민속박물관, 『충장로의 역사와 삶』, 2014.
- 광주광역시 동구청 홈페이지
- 광주역사문화자원 스토리텔링 홈페이지

열정과 낭만의 공간, 버들나무 숲(楊林)

박건웅
전남대 사학과 3

자세히 보아야
예쁘다.

오래 보아야
사랑스럽다.

너도 그렇다.

위의 시는 나태주 시인의 '풀꽃'이다. 자연의 아름다움을 잘 관찰해 쓴 서정적인 시다. 나는 양림동을 나타낼 수 있는 게 뭐가 있을까 생각하다. 나태주 시인의 '풀꽃'이 생각났다. 왜 그럴까? 라는 생각을 해보면 양림동의 낭만에 빠지기 위해선 조금의 시간이 걸리기 때문이다. 양림동을 자세히 보지 않고 그저 겉핥기식으로 보면 양림동의 낭만에 빠질 수 없다. 양림동을 음미하고 즐겨야 비로소 그 매력에 빠질 수 있다. 필자는 나태주 시인의 '풀꽃'에 '양림동'을 대입해 보고 싶다. 자세히 보아야 예쁘다, 오래 보아야 사랑스럽다, 양림동 너도 그렇다.

광주광역시 남구에 위치한 양림동은 낭만이 넘치기로 유명하다. 특히나 요즘 젊은이들에게 각광받고 있다. 나도 양림동을 여러 번 방문했다. 양림동의 여러 명소를 방문했지만 특히나 버스에 몸을 싣고 '펭귄마을'을 처음 방문했을 때가 생각난다. 듬성듬성 기억이 나지만 광주천을 바라보며 양림교를 건넜던 기억, 펭귄마을 입구를 찾지 못해 헤매던 기억이 지금까지도 생생하다. 양림동에 대한 좋은 첫 경험 덕분인지 양림동 하면 긍정적인 이미지밖에 떠오르지 않는다.

두 번째 양림동 방문 때는 양림동의 근대역사문화지구를 갔고 세 번째 방문 때는 1930양림쌀롱을 체험했다. 네 번째 방문은 근대역사문화지구를 다시 찾았고 다섯 번째 방문은 양림달빛기행을 즐겼다. 양림동을 매번 방문할 때마다 느끼지만 좋지 아니한 적이 없다. 언제 가도 좋고 즐거운 추억만 쌓을 수 있는 양림동은 낭만의 공간이다. 양림동을 몸소 방문하고 느껴보면 모두 양림동의 매력에 빠질 것이다.

특히나 취업난과 진로 문제로 낭만이 없는 요즘 젊은이들에게 양림동은 낭만을 즐기기에 특별한 곳이다. 흔히 기성세대 어른들이 하는 말이 있다. 아프니까 청춘이다. 젊어서 고생은 사서도 한다. 과연 이런 말들이 맞는 걸까? 왜 아파야만 청춘일까? 아프면 병원을 가야 하는 것 아닌가? 젊어서도 고생을 안 하면 안 되나? 저런 말을 들을 때마다 항상 많은 물음이 나의 가슴을 스쳐 지나간다. 청춘들이 불확실한 자신들의 삶에 지쳐 혹은 반복되는 일상에 지쳐 삶의 생기와 낭만을 찾고자 병원 대신 양림동을 찾는 것 같다.

양림동을 방문하고 난 후 양림동이 왜 핫(Hot)한 곳이 되었을까? 라는 물음부터 시작해 광주광역시의 많고 많은 곳 중에서 왜 하필 양림동일까? 현재 양림동의 모습은 어떻게 해서 생겨난 것일까? 까지 양림동에 대한 여러 고민을 남들과 이야기하고 싶었다. 우연히 지방사연구법을 통해 양림동에 대한 이야기를 할 수 있게 됐다. 양림동에 대해 연령대별로 느끼는 감정이 다르지만 젊은이 특히, 20대의 눈으로 바라본 양림동에 대해 이야기 하고 싶다.

특정 한 단어로 양림동을 설명하기란 역사란 무엇인가를 한 단어로 설명하라는 것과 같다. 이는 현실적으로 불가능하다. 그렇다고 여러 단어들을 중구난방 나열해 이야기하는 것도 바람직하지 않을 것 같다. 그래서 양림동에서 느낀 몇 가지 꼭지를 가지고 이야기할 것이다. 꼭지들이 지극히 주관적이라고 할 수도 있지만 20대 대학생이 바라본 것들을 최대한 솔직 담백하게 서술하고자 한다.

대학생 박건웅이 바라본 양림동에는 유구한 역사가 있고 옛 정취를 품은 골목이 있다. 그 골목에는 문화와 예술이 덮여있고 도시재생과 축제가 산재해 있다. 이런 양림동에는 당연히 낭만이 있고 사랑과 우정이 흘러넘친다. 역사, 문화·예술, 도시재생, 축제, 낭만·사랑·우정 다섯 꼭지를 중심으로 20대가 바라본 양림동을 이야기할 것이다. 내용은 대체로 필자가 겪은 내용을 중심으로 하되 글의 신빙성을 더하고자 인용도 함께 할 것이다.

일상의 공간, 꽃바심

양림동을 가기 위해서는 광주천과 양림교를 꼭 지나야 한다. 광주천은 일종의 양림동을 가기 위한 출입문이다. 내 눈에 비친 광주천의 모습은 양림동을 지키는 수문장처럼 보였다. 광주천을 처음 봤을

양림교 위에서 바라본 광주천

때는 굉장히 직강화 공사가 잘 이뤄진 수변공원정도로 생각했다. 위의 사진은 양림교 위에서 바라본 광주천의 모습이다. 굉장히 잘 정돈된 하천의 모습을 보인다. 여기서 재밌는 점은 양림교 하나만 건너면 행정 구역인 구가 바뀌게 된다. 양림교를 건너기 전은 동구고 양림동을 건너면 남구가 된다. 즉, 광주천을 기준으로 행정구역이 나뉜다.

옆에서 본 양림교 아치

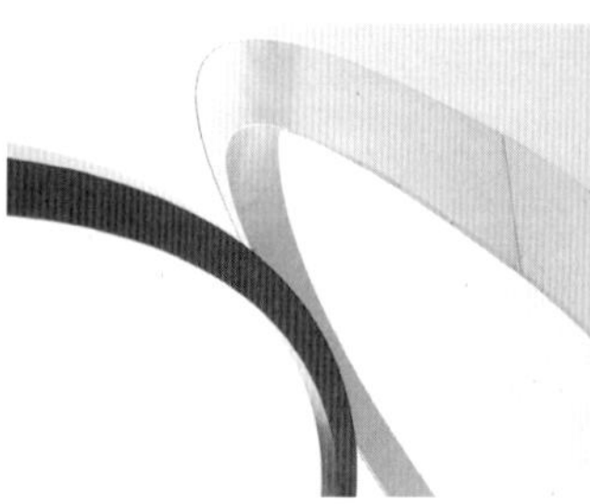

아래에서 본 양림교 아치

양림교 비석의 모습

광주천과 함께 양림교도 양림동을 들어가기 전의 볼거리다. 양림교를 처음 봤을 때는 뭘 형상화하려고 한 건지 곰곰이 생각했다. 정형화된 상상력을 가지고 있는 나는 유추를 포기하고 설명판을 읽었다. 설명판에는 두 개의 아치가 고싸움을 형상화했고 풍년과 평안을 기원하는 고싸움의 의미를 상징화하여 솟구치는 빛으로 표현했다고 한다. 그러니까 풍년과 평안을 기원하는 양림교를 건너 낭만이 넘치는 양림동을 느껴보라는 의미인 것 같다. 위의 사진은 아래와 옆에서 바라본 양림교의 모습과 양림교 비석의 모습이다.

양림교를 건너며 광주천을 보니 나의 어린 시절이 떠올랐다. 내가 자라난 곳인 전남 순천에도 광주천과 같이 도심을 가로지르는 하천인 동천이 있다. 어릴 적 부모님이 여름철 물놀이로 동천에 데리고 간적이 있다. 물이라면 사족을 못 쓰던 나는 동천에서 한이 없을 정도로 신나게 놀았던 기억이 난다. 지금 생각해보면 동천을 '똥천'이라고 부를 정도로 동천에 대한 이미지가 좋지 않은데 어린 시절의 순수함 때문에 잘 놀 수 있었던 것 같다.

아무튼 이런 경험 덕분에 일상에서 사람들이 밥을 먹는 것처럼 옛 광주 사람들에게는 광주천이 중요하고 친숙한 공간이었음을 짐작했다. 아래의 인용문은 광주천의 역사와 관련된 내용이다. 직강화 공사 이전의 광주천의 모습과 일상 속 광주천은 민들에게 어떤 의미를 가지는지에 대한 내용이다.

> 직강화공사 이전의 광주천에는 자연제방에 있어 고목이 늘어서 있었다. 그 곳은 여름철 광주시민의 유일한 여가장소가 됐다. 중·하류지역에는 광활한 벌판이 형성되어 우마의 방목지, 서민의 놀이터 등으로 활

용됐고, 천변 백사장은 추석이나 정원 보름이면 줄다리기, 불놀이, 농악놀이 등의 민속잔치가 행해졌던 문화공간으로도 이용됐다.

사직공원에서 양림동쪽으로 돌아가는 모퉁이를 꽃바심이라 했는데, 꽃바심 모퉁이, 녹십자병원앞의 조참보, 광주일고와 양동 사이에 있는 용천보, 그리고 광천동의 처암바위에 등지는 어린이들이 수영과 물놀이를 즐기던 곳이었다. 특히 조참보 인근은 수심이 깊어 뱃놀이, 물놀이 낚시터로 각광을 받았다. 1960년대까지 충장로에는 매일 광주천에서 붕어, 잉어, 가물치, 자라 등을 잡아서 팔러 다니는 행상이 있었다.

천변을 중심으로는 큰 장이라 일컫는 공수방장(광주교 근처에서 2일, 7일에 열렸던 5일장)과 작은 장이라 일컫는 부동방장(부동교 부근의 백사장에서 4일, 9일에 열렸던 5일장) 등의 시장이 형성됨으로서 상권의 중심지 역할도 했다. 한편 광주천에서는 조참보, 용천보, 새보가 설치되어 인근의 농경지에서 농업용수를 공급했고, 500여년 이상 동안 경양지에 광주천의 물이 흘러들어가 광주평야의 옥토를 적셔주었다. 일제 강점기부터 천변에 위치했던 방적공장과 제사공장 등은 광주천의 물을 공업용수로 이용하기도 했다.

광주천에는 시장이 형성되고 많은 인파가 몰리다 보니 항일 독립운동의 중심지이기도 했다. 당시 지역 사회 간의 의사소통이 사람들이 많이 모이는 장터를 중심으로 이뤄졌기 때문에 장터가 일종의 소식통 역할을 장터가 한 것이다. 광주의 3·1 만세운동이 거사된 날은 1919년 3월 10일 작은 장날이 열리는 날이었다. 이처럼 광주천은 시민의 빨래터, 휴양지, 민속놀이터, 가축의 방목지, 농업용수와 공업용수의 수원, 장터 등 매우 다양한 삶의 공간을 제공했다. 그러나 도심 교통체증과 주차난을 해소하기 위해서 천변도로와 주차장을 건설하면서 광주천의 경관이 크게 변했고, 그 친수 기능도 크게 쇠퇴했다.

광주천의 옛 모습

위의 사진은 옛 광주천 사진이다. 사진 속에는 아낙네들이 빨래하는 모습이 보이고 아이들이 물놀이 하는 모습이 보인다. 이 사진을 보고 있으면 편안한 느낌을 받는다. 아마 이런 느낌을 받는 이유는 옛 광주천이 사람들에게는 일상의 공간이자 만남의 장소이며 청춘들의 약속 장소였기 때문일 것이다 즉, 사진 속에 '일상의 공간'이라는 광주천의 편안함이 담겨있다.

서양인은 양림동을 좋아해

구한말 당시 양림산은 풍장터였다. 가난 등의 이유로 죽은 아기나 병자를 장사도 치르지 못한 채 그냥 내다 버렸고, 한센병 환자들도 이곳에 모여 있었다. 이것만으로도 선교사들이 양림동에 터를 잡기 충분했다. 선교사들이 양림동에 왔을 당시 양림산 어귀에 있는 '홀리트리(Holy Tree)'라고 불리는 호랑가시나무가 가득한걸 보고 굉장히 인상 깊었다고 한다. 기독교문화에서 호랑가시나무는 예수가 십자가에 못 박힐 때 쓴 가시간과 비슷하다 하여 신성시한다.

이러한 이유로 남장로회파 선교사들 눈에는 광주 양림동은 선교하기에 너무나도 좋은 블루 오션이었다. 선교사들이 선교의 3박자인 교회, 학교, 병원을 양림동에 세우게 된다. 대표적인 예로, 숭일학교, 수피아여고, 옛 제중원이고 현 기독병원이 있다. 이것들이 지금까지 남아 기독교 관련 근대문화유산이 됐다. 대표적인 근대문화유산은 커티스 메모리얼홀, 윈스브로우홀, 우일선선교사사택, 오웬기념각 등이 있다.

또 다른 측면에서 양림동에는 주거지 관련 근대문화유산이 존재한다. 바로 이장우, 최승효가옥이다. 이 둘은 전통한옥에 일제강점기라는 시대적 배경으로 일본식이 융합된 절충양식으로 당시 근대문화가 나타나 있다. 양림동은 기독교 근대문화 유산과 고택뿐만 아니라 뒹굴동굴, 양파정, 광주정공엄지려 충견상과 같이 역사적으로 볼거리가 넘쳐난다.

마을 주민이 만들어낸 미술관, 펭귄마을

펭귄마을 입구를 나타내는 조형물

양림교를 건너 한적한 길을 따라 걸어가다 보면 금방 펭귄마을이 보인다. 다행히도 펭귄마을임을 나타내는 표지판과 펭귄마을이라고 느낄 정도로 개성 있는 펭귄마을의 입구가 여행객들을 반기고 있기 때문에 찾기에는 어렵지 않다. 쉽게 이야기하면 양림동행정복지센터 어귀에 다다르면 펭귄마을에 도착했다고 생각해도 좋다.

펭귄마을 유래가 적힌 설명판

펭귄마을 입구 벽화

위의 사진들은 펭귄마을의 유래와 펭귄마을의 입구를 나타내는 설명판과 벽화다. 입구에서부터 굉장히 아기자기한 예술의 냄새가 풍겨온다. 펭귄마을은 사방이 열려있는 마을이다 보니 마을 입구라고 적힌 곳 이외의 다른 골목이나 길을 통해서 펭귄마을을 시작할 수 있다. 펭귄마을을 갈 수 있게 해주는 모든 길이 펭귄마을의 입구다. 간단하게 말하면 펭귄마을의 공간은 열린 공간이라고 할 수 있다.

펭귄마을 입구 표지판

옆의 사진에서 나온 펭귄마을의 입구는 위의 사진들과 정반대 편에 있는 마을 입구 표지판이다. 내가 처음 양림동을 방문했을 때 얼떨결에 찾은 표지판이다. 이처럼 양림동 펭귄마을은 모두에게 열려있고 마을 입구의 다양성이 존재하는 재밌는 곳이다.

펭귄마을은 무릎이 불편한 어르신이 뒤뚱뒤뚱 걷는 모습이 펭귄 같다고 하여 이름 지어진 마을이다. 마을 주민들이 과거에 화재로 타 방치돼 있던 빈집을 치우고 버려진 물건들을 가져와 동네 벽에 전시하기 시작하면서 펭귄 마을이 시작됐다.

펭귄마을은 생각보다 그렇게 크지 않다. 아무 생각 없이 빠르게 둘러본다면 1시간 남짓에 다 둘러볼 수 있다. 1시간이란 시간은 양림동 펭귄마을의 매력에 빠지기엔 너무나도 부족한 시간이다. 이곳저곳 둘러보며 소소한 감성과 낭만을 느끼다 보면 온종일 펭귄마을을 둘러봐도 다 보기 힘들 것이다.

펭귄마을 골목 이곳저곳에 전시된 '정크아트'를 관람하는 게 펭귄마을만이 가진 아기자기한 낭만이다. 펭귄마을 이곳저곳에 적힌 희망을 가득 담은 문구는 마을 주민들에게는 염원이며 펭귄마을을 관람하는 청춘들에게는 낭만이다. 아기자기한 골목에 있는 멋스러운 작은 갤러리들도 무료로 관람할 수 있다. 펭귄마을의 개성을 좇아 골목을 가다 보면 마을 한가운데에 다다른다. 마을 한가운데에는 펭귄

펭귄마을 골목 풍경

펭귄마을 정크아트의 모습1

펭귄마을 정크아트의 모습2

주막이 있다. 펭귄주막은 주민들에게 사랑방 역할을 하고 있다. 작은 구멍가게라 조그맣지만 그래도 있을 건 다 있다.

최근에는 펭귄마을에 정크아트 체험장과 주민들이 운영하는 카페도 생겨났다. 마을 어귀를 지나면 펭귄마을표 목재 관광기념품도 판매하고 있다. 펭귄 마을을 둘러볼 시간이 많다면 펭귄 마을 곳곳에서 인생 사진도 남기고 정크아트 체험도 하며 커피 한 잔의 여유와 낭만을 즐기는 걸 추천한다.

내가 생각하기에 펭귄마을이 이토록 매력적인 데는 2가지 이유가 있다고 생각한다. 첫 번째로는 일상에서 얻을 수 있는 소재로 만든 '정크아트'로 많은 이들의 공감과 추억을 공유했기 때문이다.

펭귄마을은 마을 전체가 예술작품을 전시한 미술관이다. 펭귄마을은 뭔가 다소 어설픈 전시로 예술의 풍미를 더 하고 있다. 펭귄마을의 예술 작품들은 뭔가 대단한 예술 작품보다는 우리 삶에서 볼 수 있는 재료들이 예술작품으로 변신했다. 그래서인지 펭귄마을의 정크아트는 친숙한 느낌이 많이 든다. 펭귄마을의 정크아트 작품들은 미술관에 전시된 작품들 보다 우리 일상에서 흔히 볼 수 있는 재료를 가지고 작품을 표현했기 때문에 많은 이들이 공감과 추억을 공유할 수 있다. 예컨대 우리가 흔히 학창 시절에 한 번쯤은 사용했던 실로폰을 이용한 작품, 병뚜껑을 활용한 작품 등 진짜 소소하고 간단한 것들이 주민들의 손을 거쳐 '정크아트'로 탄생한다.

펭귄마을이 매력적인 두 번째 이유는 주민들이 마을의 주인이라는 점이다. 풀이해 말하면 주민들이 함께 마을을 만들어나가려는 '자치'가 펭귄마을을 매력적으로 만들었다. 펭귄마을 주민들은 마을에 대한 애정이 넘친다. 펭귄마을의 예술작품, 역사문화해설사, 카페, 정크아트 체험장, 마을 관리 등 마을과 관련된 모든 일에 주민들이 열정적으로 참여하고 있다. 물론 행정상의 지원은 필요하겠지만 주민들이 마을 안에서 참여와 자치를 주도적으로 이뤄내지 않았다면 지금의 펭귄마을은 존재하지 않았을 것이다. 펭귄마을의 낭만은 거저 쟁취된 것이 아니다. 펭귄마을 곳곳에는 주민들의 피·땀·눈물이 남아있다.

현재 펭귄마을에서는 예술인 거리를 조성하기 위한 공사가 진행

중이다. 공사를 통해 펭귄 마을이 더 낭만적이게 될지 아니면 여느 다른 마을들처럼 개성과 매력을 잃고 그저 평범한 마을이 될지는 아무도 모른다. 다만 소망하건대 공사 후에도 펭귄마을 본연의 개성을 잃지 않고 많은 청춘들에게 낭만을 선사해줬으면 한다.

펭귄마을 공사 안내판

양림동은 이렇게 매력적인 펭귄마을 이외에도 문화와 예술을 즐길 수 있는 많은 미술관들이 있다. 양림동이 다른 곳에 비해 유독 미술관이 많은 이유는 많은 예술가들이 나고 자랐기 때문이다. 대표적인 미술관으로는 양림미술관, 한희원미술관, 515갤러리, 최씨공방 갤러리 늘, 갤러리 고철, 이강하 미술관이 있다. 미술관마다 개성이 넘치기 때문에 시간이 넉넉하다면 펭귄마을과 함께 둘러보는 것을 추천한다.

낭만 충전소, 1930양림쌀롱

축제라고 한다면 무릇 지역주민들이 함께해야 한다. 지역주민들이 참여하지 않고 관심을 가지지 않는 축제는 겉만 화려하고 속이 비어있는 축제라고 할 수 있다. 지역주민들의 참여와 관심이 축제의 크기, 성공의 여부를 결정한다. 즉, 축제 성공지수를 나타내는 것이 지역주민의 참여와 관심이라는 말이다. 극단적인 말일 수도 있지만 지역주민들만 참여해서 즐길 수 있는 장을 만드는 축제도 성공적인 축제라고 생각한다. 지역주민들이 많이 참여한 이후 외부 관광객들을 유치해도 늦지 않는다.

하지만 대부분 대한민국 지역 축제는 외부인 유치에 혈안이고 다른 지역에서 잘 된 축제를 모방해 지역 축제로 활성화하려는 경향이 있다. 물론 이런 방향성이 나쁘다는 말이 아니다. 다만 경제적 원리나 축제의 성공보다 더 중요한 원칙이 있다. 바로 '인간'이다. 지역 축제를 하는 이유는 지역 경제와 사회에 지속해서 긍정적인 영향을 미치게 하기 위함이고 궁극적으로는 지역에 사는 주민들의 정체성 확립과 생활상의 호전이다.

양림동에서는 현재 많은 축제가 진행되고 있다. 대표적으로 굿모닝! 양림, 크리스마스 축제, 가래떡 데이, 1930양림쌀롱이 존재한다. 4개 축제 모두 양림동을 무대로 진행된다. 양림동에서 행해지고 있는 축제 대부분이 양림동의 역사, 문화, 예술 자원 등을 활용하여 지역주민들과 함께하고 있다.

굿모닝! 양림은 다양한 역사문화 인물과 근대문화유산의 가치를 재조명하고 인물, 공간, 콘텐츠를 활용한 전시, 공연, 참여 체험 프로그램을 운영하고 있다. 축제는 매년 10월에 열리고 있고 광주광역시 남구와 남구문화원에서 주최하고 주관하고 있다.

크리스마스 축제는 마을주민, 상인들이 중심이 되어 작지만 양림스러운 겨울철 대표 마을 축제로 양림동을 찾는 관광객들에게 볼거리, 즐길거리, 먹거리를 제공하는 크리스마스 문화축제이다. 매년 12월에서 1월에 축제가 진행되고 있다. 주최는 양림동행정복지센터에서 주최하고 주관은 양림동주민자치위원회와 펭귄마을협동조합에서 주관하고 있다.

가래떡 데이는 지역 주민 화합 및 지역경제 활성화 기반 조성과 우리 쌀 소비 촉진 및 나눔의 정신을 고취할 수 있는 주민과 관광객이 하나 되는 축제다. 축제는 매년 10월에서 11월에 열리고 있다. 굿모닝! 양림과 비슷한 시기에 진행된다. 양림동 주민자치위원회에서 주최와 주관을 하고 있다.

앞서 3개의 축제를 소개했다. 그중 소개하지 않은 1930양림쌀롱이 있다. 양림쌀롱은 위에서 소개한 3개의 축제와 다르다. 특이하게 1930양림쌀롱은 외부기획자들이 기획하고 운영하는 축제다. 외부에서 온 기획자들은 마을주민도 양림동과 관련된 공무원도 아니다. 이들은 쥬스컴퍼니라는 문화컨설팅·마케팅·기획 등 문화와 관련된 일을 하는 기업이다. 문화기획이라는 큰 틀로 양림동에서 수년째 활동하고 있다.

양림동 길거리에 붙어 있는 1930양림쌀롱 포스터

외부기획자라는 점이 나에게 새롭게 다가왔을 뿐만 아니라 양림동에서 기획한 1930양림쌀롱이 청춘의 마음에 낭만을 싹틔웠다. 1930양림쌀롱은 1930년대 모던 광주를 주제로 한 공연, 전시, 문학, 마켓, 패션 등 다양한 프로그램을 즐길 수 있는 복합문화축제다. 2016년부터 2018년에는 매월 마지막 주 수요일 문화가 있는 날에 축제를 진행했지만 올해부터는 문화가 있는 날 주 토요일에 축제가 진행된다. 1930양림쌀롱은 낭만시즌/예술시즌/여행시즌이라는 큰 주제를 가지고 총 6회 진행될 예정이다. 올해는 축제 시간이 오후 2시부터 9시로 더 길어졌다. 양림동의 낭만을 더욱 음미할 수 있도록 축제 시간이 길어진 게 다행이다.

2019년도를 기준으로 1930양림쌀롱의 대표적인 프로그램은 쌀롱콘서트, 1930모단걸다이어리, 미스터 노바디쌀롱, 윤회매향연, 양림달빛투어, 양림빵지순례, 예술가의 시간이 있다. 이름부터 생소한 이 프로그램들은 나름대로 양림동의 낭만을 품고 있다. 대부분의 프로그램들이 지역 상권과 주민, 예술가, 방문객들이 함께한다. 이 중 어느 요소 하나라도 빠지면 축제는 낭만적이지 못할 것이다.

프로그램을 간단하게 소개하자면 쌀롱콘서트는 양림쌀롱과 제휴를 맺은 카페에서 청년 아티스트들의 콘서트가 이뤄진다. 1930모단걸다이어리는 1930년대 광주를 소재로 한 관객참여형 연극이다. 미스터 노바디 쌀롱, 윤희매 향연, 예술가의 시간은 양림동에 있는 미술관들을 활용한 예술 토크, 공연, 체험형 프로그램이다. 양림달빛투어와 양림빵지순례는 야경과 빵이라는 주제를 가지고 양림동의 구석구석을 관람할 수 있는 프로그램이다.

1930양림쌀롱 화폐 쌀롱페이

1930양림쌀롱 텀블러

양림동에서 펼쳐지는 쌀롱콘서트 모습

특히나 쉽게 즐길 수 있는 쌀롱콘서트와 1930모단걸다이어리 프로그램을 추천한다. 쌀롱콘서트는 양림동에 있는 낭만적인 여러 카페와 제휴를 맺어 1930양림쌀롱 매표소에서 7000원을 내고 구매하는 쌀롱페이를 가지고 음료를 마시며 공연을 관람할 수 있다. 공연은 지역에서 활동하고 있는 다양한 청년 아티스트들이 멋진 무대를 선사한다. 공연은 대부분 청춘의 사랑과 고민, 방황을 주제로 노래한다. 공연은 30분에서 1시간 정도 진행되기 때문에 공연 시작 전 혹은 공연 후에도 분위기 좋은 카페에서 쉬어가며 일상에 지친, 공부에 지친 청춘들이 삶의 낭만을 찾아보는 것도 하나의 재미다.

1930모던걸다이어리 공연 모습

1930모단걸다이어리는 호랑가시나무길 끝 수피아여고로 넘어가기 전에 위치한 갤러리 아트폴리곤에서 진행된다. 1930년대 광주, 격변의 시대 속에서 타올랐던 청년들의 이야기를 특별한 음악극 형태로 진행한다. 연극은 관객참여유도형으로 배우와 관객이 매우 가깝게 유기적으로 소통한다. 그렇다 보니 관객의 연극 집중도가 굉장히 높다. 1930모단걸다이어리는 연극 시작에 앞서 관객들에게 종이를 나눠준다. 그 종이는 관객들의 고민을 쓸 수 있는 일종의 고백 종이다. 고백 종이는 연극 중에 고민을 털어놓을 수 있는 시간에 사용된다. 말하기 힘들었던 청춘들의 고민거리나 이야기를 연극에서 관객들과 함께 나눠볼 수 있다. 양림동을 방문하는 청춘들에게 시대를 넘나드는 음악과 청춘들의 이야기를 들어볼 수 있는 1930모던걸다이어리 꼭 추천한다.

요즘 기말고사와 과제에 찌든 나도 여유로운 마음으로 1930양림쌀롱에 가서 양림동의 낭만을 즐겼다. 낭만이 넘쳐나는 양림동에 지역 청년 아티스트들이 들려주는 공연이 얼마나 아름다운가! 양림동에 있는 순간만큼은 어떤 것으로부터 억압되지 않고 오롯이 양림동과 공연이 주는 재미를 즐길 수 있어 좋았다.

1930양림쌀롱은 생각보다 인기가 많다. 인기가 많은 이유에는 2가지 이유가 있다. 첫 번째는 앞서 말했던 지역주민들의 참여와 관심이다. 1930양림쌀롱은 양림동 주민들과 함께 간다. 짧은 소개 때문에 이야기하지 않은 커피 기부 프로그램 서서평 커피나 양림 홀리마켓은 마을 주민들의 참여와 관심을 끌어내고 있다. 또한 양림동의 카페나 미술관과 제휴를 맺어 지역 상권에 큰 도움을 주고 이들의 참여를 유도하고 있다. 1930양림쌀롱이라는 복합문화 축제는 양림동에 있는 여러 구성원들이 참여와 관심을 가지지 않았다면 다양하고 질 높은 문화콘텐츠를 선사하지 못했을 것이다.

두 번째는 외부기획자의 끊임없는 '노력'이다. 쥬스퍼컴퍼니는 외부기획자임에도 불구하고 꾸준하고 지속적으로 양림동과 인연을 맺고 있다. 문화기획이라 해도 돈이 되지 않거나 재미를 보지 못하면 발을 빼기 마련이다. 하지만 쥬스컴퍼니가 기획하고 운영하는 1930 양림쌀롱에는 그들의 끊임없는 노력이 보인다. 양림동이 가지고 있는 많은 재료들을 바탕으로 1930양림쌀롱과 같이 큰 축제를 생각해 낸 것은 굉장히 대단한 일이다. 외부기획자임에도 불구하고 양림동을 향한 그들의 사랑과 노력 덕분에 1930양림쌀롱 축제가 성공할 수 있었다. 이들이 진행하는 프로젝트는 나비효과가 되어 어디로 튈지 모른다. 아마 향후 5년 뒤에는 1930양림쌀롱이 양림동을 대표하는 축제를 넘어 남구를 광주를 대표하는 축제가 될 것이라고 감히 예측해본다.

낭만은 사랑을 좋아해

낭만하면 떠오르는 단어는 사랑이다. 젊은이들 사이에서 우스갯소리로 술과 밤이 함께라면 남녀 사이에는 친구가 없다고 한다. 남녀 사이에 친구가 가능한가에 대한 부분은 개인마다 차이가 있기 때문에 판단은 독자들에게 맡기겠다. 양림동을 찾는 대부분의 사람들은 젊은이들이다. 주로 커플들이 양림동을 많이 찾아온다. 앞으로도 많은 커플들이 찾아오리라 예상한다. 나는 자칭 로맨티스트다. 연애 경험이 많지는 않지만 진정한 사랑만을 해왔다고 자부할 수 있다. 물론 상대방은 아닐 수도 있다. 아무튼 사랑에 일가견이 있는 내가 양림동 데이트혹은 썸녀와 함께 양림동을 왔을 때 썸녀에게 멋진 모습을 보여줄 수 있는 것 등 청춘의 사랑과 관련된 이야기를 하고자 한다.

나는 1998년생이다. 흔히 말하는 디지털 세대다. 디지털 세대는 스마트폰 없이는 일상생활이 불가능하다. 은행, 검색, 쇼핑, 소셜 네트워크 서비스 등 일상생활의 모든 것을 스마트폰으로 해결한다. 디지털 세대가 유별나게 중요시하는 것이 있다. 바로 '사진'이다. 청춘들 사이에서 좋은 남자친구, 사랑받는 남자친구가 되기 위한 가장 큰 덕목이 사진을 잘 찍는 남자다. 남는 건 사진뿐이라고 친구들 사이에서도 사진을 많이 남기는 요즘 커플들은 얼마나 더 하겠는가? 더했으면 더했지 덜하진 않으리라 생각한다.

요즘 청춘들이 사진을 중시하다 보니 사진이 예쁘게 잘 나오는 곳, 분위기 있는 곳을 많이 찾는다. 소위 '인스타그램 갬성'이라고 해서 예쁜 카페나 식당, 여행지를 사진으로 찍어 자신의 인스타그램에 올린다. 인스타그램은 소셜네트워크 중 하나다. 얼마나 분위기가 좋고 예쁜지에 따라서 인스타그램 친구들의 반응이 달라진다. 인스타그램 친구들의 반응에 따라 게시자의 기분도 달라진다.

인스타그램 갬성을 담은 사진

당연한 애기겠지만 분위기가 있는 예쁜 카페나 식당은

가격이 만만치가 않다. 하지만 요즘 청춘들은 이런 소비를 아무렇지 않게 한다. 부모 세대와 차이가 나는 점이다. GDP 3만 달러 세대의 소비 형태랄까? 딱히 청춘들을 꼬집자고 하는 말은 아니다. 그저 부모 세대와는 대비되는 부분이라 흥미롭다.

양림동은 요즘 청춘들에게 딱 알맞은 데이트 장소다. 왜냐하면 맛집과 멋집이 넘쳐나는 곳이기 때문이다. 양림동에는 다양한 형태의 카페와 밥집이 즐비하다. 딱 청춘들을 겨냥한 듯한 카페와 식당이다. 이런 곳에서 사진을 찍으면 양림동의 고즈넉한 분위기와 낭만 덕분에 하나의 작품이 된다. 애인과 함께 양림동을 오면 남자친구는 여자친구의 인생 사진을 찍어주기 위해 고생 좀 할 것이다. 맛과 멋이 있는 식당에서 밥을 먹고 예쁜 카페에서 커피와 디저트를 먹은 후 석양이 져가는 낭만적인 양림동을 산책한다면 남자친구는 여자친구에게 사랑을 듬뿍 받을 것이다. 특히 산책을 좋아하는 커플일수록 차분히 걷기 좋은 양림동을 추천해주고 싶다.

남녀관계에서 가장 재밌는 관계는 커플보다 썸이다. 썸은 요즘 젊은이들 사이에서 통하는 말로 내꺼 인 듯 내꺼 아닌 내꺼 같은 너를 의미한다. 쉽게 말하면 사귐과 사귀지 않음의 중간 정도라고 할 수 있다. 썸녀와의 관계를 확실히 하고 싶다면 양림동을 함께 오는 걸 추천한다. 이곳저곳 걸을 수 있는 양림동을 썸녀와 함께 걸으며 이런저런 이야기 나누며 서로의 마음을 확인할 수 있다. 여기서 중요한 점은 양림동에 대한 사전지식이다. 양림동 곳곳에 있는 근대문화유산에 관해 공부한 내용을 썸녀에게 열정적으로 설명해라. 그렇다면 썸녀는 1차적으로 당신의 멋짐에 빠져있을 것이다.

썸녀와의 관계를 마무리 지을 장소로 러브앤프리를 추천한다.

러브앤프리는 양림동에 있는 작은 독립 서점이다. 이름부터 낭만적이고 청춘의 열정과 사랑이 느껴지지 않는가? 서점을 둘러보며 당신이 책과 친한 지적인 대학생임을 어필하라. 어필에서 그치지 말고 평소에 즐겨 읽는 책을 썸녀에게 추천해줘라. 더욱더 좋은 자세는 썸녀의 공감을 사는 것이다. 썸녀에게 추천해준 책을 썸녀도 알고 있다면 선물해라. 책이라는 선물을 통해 러브앤프리를 획득하자. 책과 함께 썸녀에게 고백하라. 당신의 지적인 모습에 이미 썸녀는 헤어 나오지 못 할 것이다. 100%의 성공률은 보장 못 하겠지만 책에 나온 그대로 실행한다면 못해도 50%의 성공률은 나오리라 예측한다.

러브앤프리 입구 모습

낭만적인 러브앤프리 간판

용감한 자가 미녀를 얻는다는 말이 있다. 일리 있다. 정말로 일리 있다. 아무것도 해보지 못하고 사랑하는 이를 떠나보낼 것인가? 아니면 주사위를 던져볼 것인가? 나는 후자를 추천한다. 한 번뿐인 인생 만나보고 싶은 인연은 만나봐야 할 것 아닌가? 사랑을 시작하고 싶은 사람, 사랑을 키우고 싶은 연인들, 사랑에 지친 사람들 모두 낭만의 고향 양림에 와서 사랑을 만끽해보자.

청춘, 그리고 열정과 낭만!!!

내가 소개한 양림동은 극히 일부다. 500쪽이 넘는 책이라고 해도 양림동을 모두 그 안에 담기는 힘들다. 나도 굵직한 단어들을 바탕으로 많이 간추렸음에도 불구하고 꽤 긴 글이 나왔다. 글재주가 없어 고생한 탓도 있다. 재주가 없기에 열심히 노력해 짧은 글 안에 나름대로 20대가 바라본 양림동을 담아보려 했다. 글을 쓰기 위해 1시간 동안 양림동 오거리에 앉아있기도 했다.

이 글은 지극히 주관적이고 박건웅스러운 글이다. 내가 썼다고 누군가에게 자랑할 수 있는 글이다. 온전히 나를 나타낼 수 있는 글이다. 이런 글은 아마 죽을 때까지도 못 쓸지도 모른다. 입시를 위해 과제를 위해 공모전을 위해 늘, 누군가를 위한 글을 써왔다. 이렇게 양림동에 대한 글을 써가며 나 자신에 대해 알아갈 수 있어 좋았다. 내가 이런 사람이구나. 나는 이렇게 생각하는 구나하며.

다시 지방사 연구법을 수강해 양림동에 대해 글을 쓸 거냐고 묻는다면 나의 답은 YES다. 잃은 것 보다 얻어가는 것이 훨씬 많다. 글 작업을 마무리하는 지금도 내 머릿속에는 양림동이 떠나질 않는다. 순전히 내가 양림동을 짝사랑하고 낭만적인 공간이라고 봤기에 내 글이 완성될 수 있었다.

작은 소망이지만 수십 년이 지나도 양림동은 양림동만의 낭만을 간직한 공간으로 남아 많은 이들에게 낭만을 주면 좋겠다. 지금도 우리의 20대들은 학업, 취업, 진로 문제로 삶에 허덕이고 있다. 이들을 구원해줄 수 있는 건 낭만인 것 같다. 때로는 현실에서 벗어나 낭만에 취하는 것이 답일 수 있다. 낭만에 취하는 것은 남들보다 도태되는 것이 아니다.

낭만이야 말로 진정으로 우리가 원하고자 하고자 하는 것으로 이끌어 줄 것이다. 많은 젊은이들이여 양림동으로 와 낭만을 즐겨라. 청춘은 한 번뿐이다. 한번 가버린 청춘은 다시 돌아오지 않는다. 그대들이 후회하지 않는 그 날까지 낭만을 즐겨라. 남을 위한 삶을 살지 말아라. 오롯이 자기 삶의 주인이 돼라. 많은 청춘들을 응원하며 글을 마친다.

거리를 휘감은 忠義의 기운

김승환
전남대 사학과 3

학교를 마치고 전남대학교 정문 앞을 지나오면서... 우연히 나는 낯선 도로 이름들을 보게 되었다. 서암대로, 설죽로... 이 낯선 이름들은 한말의병장이었던 서암 양진여와 설죽 양상기의 호를 딴 도로 이름들이라고 한다. 근데 갑자기 의문점이 들었다. 우리가 일상 속에서 사용하는 도로명을 왜 역사적 인물들의 호를 따서 명명하는가?

도로명은 시군의 도로명주소위원회에서 정하며, 지명이나 지역적 특성, 역사성, 위치 예측성 등을 종합적으로 고려하여 정한다고 한다. 즉 그 지역의 특성과 역사성을 아주 짙게 띠고 있는 것이 바로 도로명이다.

그래서 우리 광주 지역에는 위와 같이 지역의 역사성을 띠고 있는 도로명이 많다. “필문대로”, “임방울로”, “4·19로” 등 다양한 역사성을 띠고 있는 도로이름들이 많다. 특히 “의향의 도시 광주”에는 그 이름에 걸맞게 한말의병, 3·1만세운동, 광주학생독립운동과 관련된 저항, 항거의 역사를 담은 도로 이름들이 많다. 실제로도 우리 지역은 일제의 통치에 대해, 민주주의 수복을 위해 독재정권에 대항한 역사적인 주 무대였다.

18976년 강화도 조약을 시작으로 일본이 본격적인 조선에 대한 침략이 구체화됨에 따라 조선 내에서는 일본에 대한 저항의 움직임이 일어났으며, 1905년 을사늑약 이후 본격적으로 일제에 저항하기 시작했다. 특히 여기 광주지역에서는 대한민국 100년 저항의 역사에서 중요한 고리 역할을 하는 한말 의병과 3·1만세운동, 그리고 광주학생독립운동과 같은 사건들이 연속적으로 일어났으며 끊임없이 일제에 저항하였다. 또한 이러한 흐름의 연장선상으로 4·19혁명, 5·18민주화운동 등 민주주의 수호를 위해 독재정권에 끊임없는 저항이 일어났다.

이러한 일련의 역사적 과정 속에서 양진여·양상기, 김태원, 심남일, 기삼연 같은 한말 어등산에서 목숨을 걸고 싸운 의병들, 3·1만세운동(3·10만세운동)을 주도하였던 양림동의 목사들과 참여 학생들, 그리고 광주학생독립운동에 참여했던 학생들, 4·19혁명 당시 3·15부정선거에 대해 규탄 시위를 전개했던 광주고등학교 학생들, 5·18당시 시위에 참여했던 많은 시민들, 이들은 모두 역사 속 주인공으로써 다양한 방법으로 기억되고 기념되었다.

그러나 지역적으로 광주(=5·18)라는 상징성에 가려져서 그런지 우리와 같은 광주를 살아가는 평범한 사람들은 그 이전에 우리지역에서 일어났던 한말의병, 3·1만세운동, 광주학생독립운동과 같은 일제에 항거했던 역사에 대해서는 무관심한 것이 사실이다. 내 또래의 광주의 20대들은 학교에서 5·18과 관련된 교육이나 관련 자료 및 서적, 관련 기념행사에 대해서는 많이 접할 수 있었지만 우리 지역의 항일·독립운동에 대해서는 어떠한 정보가 있는지, 어떤 행사가 일어나는지에 대해서는 정보가 매우 부족하여 안타까웠다. 또한 관련 기념시설이나 유적지에 대해 흥미롭게 접근한 책이 없었다는 점에서 매우 아쉬웠었다.

이러한 아쉬움에서 우리 지역 항일투쟁과 관련된 기념비·기념탑과 같은 기념시설들을 소개하는 글을 쓰고자 한다. 이를 통하여 한말 의병의 산실, 전남지역 최대 만세 항쟁지였던 광주를 다시 한 번 재조명하고, 더 많은 사람들이 기억하는 기회가 되었으면 한다.

남도 한말의병의 출발점, 광주향교

화창한 4월 중순 어느 날 버스를 타고 광주 향교로 향하였다. 버스에서 내리자마자 나를 반기는 따스한 햇살에 왠지 모르게 기분이 좋았다.

향교는 공자(孔子)에게 제사하는 문묘와 거기에 부설된 공립학교를 일컬으며 고려와 조선을 지나면서 국가의 교육기관으로서 기능을 했다. 광주향교, 언제 세워졌는지에 대해서는 분명치 않으나 처음 무등산 장원봉 아래에 세워졌다. 그러나 무등산 주변에 호랑이가 자주 출몰하여 옛 광주읍성의 동문 안(현재 대인동)으로 자리를 옮겼으나 좁고 저습하여 터가 좋지 못했고 1488년 수해를 당하자 현재의 자리로 옮겨

광주향교

졌다. 향교의 외삼문을 지나면 교육공간인 명륜당과 기숙공간인 동재와 서재가 보인다. 또한 서재 뒤에는 사마재가 있고 5성(五聖), 송조 2현(宋朝二賢), 우리나라 18현(十八賢)을 모시는 대성전이 있다. 이렇듯 광주향교는 조선시대 유학을 가르치는 공간이었으며 주로 양반을 포함한 양인층이 향교 교육의 대상이었다.

이런 유교적 전통이 서린 광주향교는 1896년 남도 지역의 한말 의병의 주둔지로서 중추적인 역할을 수행하였다.

송사 기우만

여기 남도 지역의 한말 의병은 타 지역에 비해 다소 늦은 1896년 장성에서 시작했다. 노사 기정진(蘆沙 奇正鎭, 1798~1879)의 손자였던 송사 기우만(松沙 奇宇萬, 1846~1916)은 1896년 1월 근왕을 기치로 내걸고 200여 명의 의병을 거병하였다. 당시 '호남대의소(湖南大義所)'라 불렸던 장성의병은 나주의소(羅州義所)라 불리던 나주의 의병과 연합하여 북상하려는 계획을 준비하였다. 음력 2월 중순 기우만은 광주향교의 재임을 맡고 있던 박원영의 적극적인 협조를 받아 광주로 집결하였으며, 그 중심 장소가 광주향교였다. 기삼연의 300여 명의 의병의 합류로 사기가 크게 증가하였으며 근왕북상이 가시화 되는 듯 했다. 하지만 조선 조정에서는 이들 의병을 해산하기 위해 남로선유사 신기선을 파견하였다. 신기선은 친위대를 이끌고 전주로 내려와 장성의병과 나주의병의 해산을 종용했으며, 국왕의 해산명령을 거역할 수 없었던 이들은 1896년 2월 말 의진을 해산하였다. 뒤이어 광주에 들어온 관군이 광주향교의 재임으로 의병활동을 적극 도왔던 박원영을 처형하였으며, 의병의 주도세력 또한 가혹한 처벌을 받았다.

그런데 나주의병의 주도인물들은 장성과 담양에 비해 훨씬 무거운 처벌을 받았다. 특히 나주의병을 주도했던 향리층이 가혹한 처벌을 받았다.

이처럼 광주를 중심으로 북상하려던 기우만의 전기 의병은 별다른 활동 없이 해산되었지만 그 중심지로서 광주향교가 당시 호남지역 전기 의병의 활동공간이자 주둔지 역할을 수행했다는 것, 이후 중기 의병으로 이어졌다는 점에서 역사적으로 아주 유의미한 장소이다.

남도제일의병장 심남일장군

광주향교를 둘러보고 나오면 옆에 조그마한 산책길이 보인다. 그 산책길을 따라 걷다보면 낮에는 공원길, 밤에는 포장마차가 즐비한 광주공원이 나타난다.

광주공원은 예전부터 거북이처럼 생겼다고 해서 성구강, 성거산으로 불렸다. 그래서 이곳의 마을 이름도 구동 혹은 구강동으로 불렸다. 전설에 의하면 성거산이 거북모양이므로 상서로운 거북의 기운이 광주를 떠나지 못하도록 거북의 목에 5층탑을 세우고 등에 절을 세웠다고 하는데 이것이 오늘날 전해지는 '성거사지 오층석탑이다.'

그러나 광주의 성스러운 공간인 광주공원에도 아픈 역사가 존재한다. 1908년 일제는 성거산 일대에 한말 호남 의병과의 전투 중에

광주공원에 있었던 일본 신사

죽은 일본 병사를 애도하기 위한 충혼탑을 세웠다. 뒤이어 1913년 그 자리에 1만여 평의 '구동공원(龜洞公園)'을 조성하였다. 일제는 공원을 조성하면서 자신들의 개국시조인 천조대신을 받드는 신사를 만들었고, 공원자리에 오쿠무라 이호코 동상, 조선금융조합 창립 기념탑 세우는 등 일제의 흔적을 공원에 많이 남겼다.

해방 이후 광주공원에 있는 일제의 흔적을 지우기 위한 많은 움직임이 일어났다. 충혼탑 자리에 해방 기념탑을 세우기도 했으며, 안중근 의사 동상을 세웠다.(원래는 광주공원에 세워졌으나 현재 중외공원으로 옮겨졌다.) 또한 광주공원에는 한국전쟁 당시 순국한 경찰관을 기리는 충혼탑, '4·19의거 영령 추모비', '어린이 헌장탑', '영랑 시비' 등 다양한 기념비·기념탑들이 세워졌다. 이렇듯 다양한 기념탑·기념비가 있는 광주공원 구석 한 쪽에 외로이 서 있는 비석 하나가 있는데, 바로 '의병장남일심공순절비(義兵將南一沈公殉節碑)'이다.

'의병장남일심공순절비(義兵將南一沈公殉節碑)'는 1909년 남한 폭도대토벌작전 당시 '폭도거괴'라 불렸던 의병장 중 심남일 의병장의 공적을 위해 세워진 비석이다. 1962년 건국훈장 독립장을 받았고, 1972년 연금을 꼬박꼬박 모은 심남일 의병장의 며느님이 향교의 유림들과 함께 현재 광주공원 자리에 이 비석을 세웠다.

그렇다면 1909년 당시 '폭도거괴'라 불렸던 사나이, 남도 제일의 의병장 남일은 누구인가?

심남일(沈南一, 1871~1910), 본명은 수택(守澤) 함평 월야출신의 사람이다. 어려서부터 한학 접하여 글을 읽을 줄 알았고 함평향교에서 훈장으로 있는 등 그저 평범한 함평 출신의 유생이었다. 또한 "그는 천성과 골격이 옥 같은 대장부로서 재능이 출중한 데다 손오의 병서와 중국 고대의 협객전을 많이 접하여 위망이 뛰어났다."는 당시 신문의 기록을 보면 남일은 평소에 액션물을 좋아하고 의협심이 뛰어난 사람이었을 것으로 생각된다.

1905년 을사늑약 이후 일제의 침략이 본격화되자 남일은 의병을 일으킬 계획을 세운다. 그러나 명망이 높은 유학자도, 재력이 있는 부호도 아닌, 지극히 평범한 사람이었던 남일은 의병을 모으지 못하고

의병장남일심공순절비

심남일 의병장

1907년 기삼연이 주도하는 '호남창의회맹소'에 들어가 의병활동을 시작하게 된다. 그러나 1908년 일제는 '전담 토벌대'를 조직하여 기삼연과 김태원·김율 형제를 죽이는 등 당시 활발하게 투쟁했던 의병들을 대대적으로 탄압하였다. 이로 인하여 호남 의병은 와해되는 듯 보였다.

이때 새로운 의병장으로 추대된 사람이 바로 남일이었다. 이름을 '호남제일의 의병장'이라는 南一로 바꾸고 독자적인 의병부대를 결성하였다.

> '백성들의 토지와 재물을 빼앗지 말고, 무고한 양민들을 때리지 말라. 그리고 경솔하게 군사를 발동하지 말고, 적을 가소롭게 보지 말라. ~ 가는 곳마다 백성들을 집안사람을 맞이하듯 반갑게 서로 대함으로써 백성들에게 실망을 주지 말라.'

심남일은 의병부대의 체제를 새롭게 바꾸고 위와 같은 의병 조항을 내세워 민심의 적극적인 지지를 받으며 대일항전을 전개해 나갔다.

심남일은 1908년 전라남도 강진 오치동 전투를 시작으로 능주 노구두, 함평 석문산, 능주 석정 전투를 비롯하여 장흥 봉무동 전투, 보성 천동 전투에 이르기까지 총 13차례의 전투에서 일본군 400여명을 살상하는 등 일본 군경에 막대한 피해를 입혔다. 심남일의 부대는 주로 지형지물을 이용한 매복요격이나 야간 기습공격과 같은 유격전술을 구사하여 일본의 수비대와 헌병대, 순사대와 싸웠으며, 일제의 강력한 진압작전에 효과적으로 대응하기 위해 안규홍, 전해산 의병부대와 수시로 연합하여 항일투쟁을 전개해나갔다. 그러나 1909년 이른바 '남한폭도대토벌'작전으로 인하여 체포당하게 되었으며 1910년 10월 대구감옥에서 순국하게 된다.

당시 일제가 의병장들을 모아놓고 찍은 사진(위줄 왼쪽에서 네 번째가 심남일 의병장)

"해와 달 밝고 밝던 이 나라 강산/ 어쩌다 먼지 속에 들어갔느냐/ 맑은 날 못보고 지하로 가니/ 붉은 피 한에 맺혀 푸른 피 되리."

이 시는 1910년 심남일 의병장이 죽기 전 대구감옥에서 남긴 시이다. 죽기 전 조국 강산과 이별하는 의병장의 안타까움이 묻어나오는 시인 것 같다. 이 때문일까 광주공원에 세워진 그의 비석이 유독 쓸쓸해 보인다.

도로이름이 되어 기억된 의병장들, 양상기·양진여, 김태원

앞서 언급했듯이 우리 광주 지역에는 역사 인물로 된 도로 이름이 많이 있다. 정지 장군의 호를 딴 '경열로', 명창 임방울의 이름을 딴 '임방울대로', 필문 이선제의 호를 딴 '필문대로' 등 도로명을 통해 우리 지역의 역사를 알 수 있다. 그 중 우리 지역 한말의병장들의 호를 따서 만은 도로 이름들이 있다. 대표적으로 서암대로, 설죽로, 죽봉대로가 있다.

서암대로와 설죽로는, 서암 양진여(瑞菴 梁振汝, 1860~1910)와 설죽 양상기(雪竹 梁相基, 1883~1910) 두 부자(父子) 의병장의 호를 따서 붙여진 도로 이름이다. 서암대로는 서방 사거리에서 동운고가까지를, 설죽로는 일곡 동아아파트에서 신안 제1교까지를 가리킨다. 죽봉대로는 의병장 죽봉 김태원(竹峰 金泰元, 1870~1908)의 호를 따서 붙여진 도로 이름이며, 농성교차로에서 동운고가차도까지이다.

서암, 설죽, 죽봉 이들은 과연 누구이기에 도로 이름으로 우리들에게 기억되고 있는가?

서암대로와 설죽로, 양진여와 양상기

서암 양진여(瑞菴 梁振汝, 1860~1910), 설죽 양상기(雪竹 梁相基, 1883~1910), 두 의병장은 광주군 서양면 니동(현 광주광역시 북구 중흥동)에서 태어났다. 부친 양진여는 1908년 7월 즈음 삼각산 죽청봉에서 의병을 직접 거병하여 광주를 비롯한 담양, 장성, 창평 등지에서 의병활동을 전개했다. 1908년 10월 26일 광산 신촌전투 이후 양진여를 체포하기 위해 제2특설순사대를 따로 편성할 정도로 양진여의 의병부대는 일본군에게 위협적인 존재로 성장했다. 그러나 일제의 추격이 심해지자, 양진여는 전해산 부대와 연합 의병을 구성하여 일본군과 추월산에서 치열한 전투를 벌이게 된다. 그러나 추월산 전투 이후 양진여 부대는 점차 쇠락하기 시작했다. 1909년 4월 양진여와 그의 의병부대는 사료에서 사라졌다가 1909년 8월 담양에서 피신 중이던 양진여의 체포기사가 나오게 된다. 양진여는 체포되어 광주지방재판소로 송치되었고 결국 대구감옥에서 생을 마감하게 된다.

그의 아들 설죽 양상기는 아버지의 의병활동을 도와 일제의 정보를 캐내기 위해 광주경찰서 순사로 취직했다. 그러나 그의 광주경찰서 순사직은 오래갈 수 없었다. 1908년 4월 일본 순사직에서 면직된 그는 본격적으로 의병활동에 참여하게 된다. 1908년 5월 의병을 거병한 그는 일제와 치열한 전투를 벌이며 의병투쟁을 전개해 나간다. 그러나 1909년 4월 동복 서촌 전투, 1909년 5월 담양 덕곡리 전투에서 크게 패배하면서 양상기는 자신의 부대를 해산하고 잠복하다가 12월 20일 전북 남원에서 체포되었다. 양상기는 1910년 3월 29일 광주지방재판소에서 내란·강도·방화 및 살인 사건의 죄목으로 교수형을 선고받고 대구공소원에 항소했지만, 1910년 5월 17일 대구공소원은 다시 동일한 죄를 적용하여 교수형을 선고받았다. 그래서 양상기는 부친인 양진여가 교수형 당한지 두 달 후에 대구감옥에서 형장의 이슬로 사라지게 되었다. 이 두 부자의병장은 광주 서구 매월동 백마산 기슭에 묻혀있다.

조국의 독립을 이루지 못하고 순국한 두 부자(父子) 의병장은 1977년 건국훈장 국민장과 1990년 건국포장을 수여받았다. 그리고

2008년 두 부자(父子) 의병장은 '서암대로', '설죽로'라는 이름으로 우리들에게 기억되고 있다.

죽봉대로, 김태원

지하철을 타고 농성역에 내려 1번 출구로 나오면 시민들이 쉴 수 있는 자그마한 공원이 있는데 그 곳이 바로 농성광장이다. 이 조그마한 공원은 1980년 농성광장에서 계엄군과 시민군이 대치했었던 5·18 민중항쟁 사적지이기 때문에 관련 기념비들이 있지만 유독 우뚝 서있는 동상 하나가 보인다. 바로 죽봉 김태원(竹峰 金泰元, 1870~1908) 의병장 동상이다.

김태원(金泰元, 1870~1908), 전라남도 나주 출신으로 김준 혹은 김참봉으로도 불린다. 1894년 동학농민운동 때 잠시 동학에 투신하기도 했으며, 1906년 동생 김율과 함께 고창·영광 등지에서 의병활동을 하였다. 이듬해 기삼연 의병부대인 '호남창의회맹소'에 가담하여 선봉장이 되어 나주·함평 등지에서 활약했다.

농성광장에 서있는 김태원 의병장 동상

김태원은 1908년 1월 동생 김율과 함께 일본군 광주수비대 대대장인 요시다의 목을 베기도 하는 등 전라도 일대에서 일본군경과 40여 회의 전투를 승리로 이끌었다.

당시 일제는 1906년부터 1909년까지 호남지방에서 활약한 대표적인 의병장을 구분했는데, 1906년부터 1907년에는 최익현·고광순·기삼연, 1908년에는 김태원(김준)·김율 형제, 1908년 후반부터 1909년에는 전해산·심남일·안규홍을 꼽을 정도로 당시 김태원과 동생 김율의 영향력은 엄청났다.

그러나 김태원은 1908년 2월 경 기삼연이 일본군에게 붙잡혀 광주에서 총살당하였다는 소식을 듣고 기존의 '호남창의회맹소'에서 '호남의소'로 부대 이름을 바꾸어 일진회원, 밀정, 자위단원 등을 처단했으며, 납세거부투쟁을 유도하였다. 그러나 일제의 강력한 토벌작전으로 1908년 4월 25일 어등산 자락에서 일본군과 치열한 접전을 벌였으나 23명의 의병과 함께 전사하였다.

죽봉 김태원 의병장 동상 아래 보면 위와 같이 동생에게 보내는 편지가 있다. 김태원·김율 형제는 목숨을 걸고 의병을 일으켜 전개해 나갔음을 알 수 있는 대목이다. 그들이 원했던 조국의 독립은 이루어지지 않았지만 그의 활동은 '죽봉대로'라는 이름으로 우리들에게 기억되고 있다.

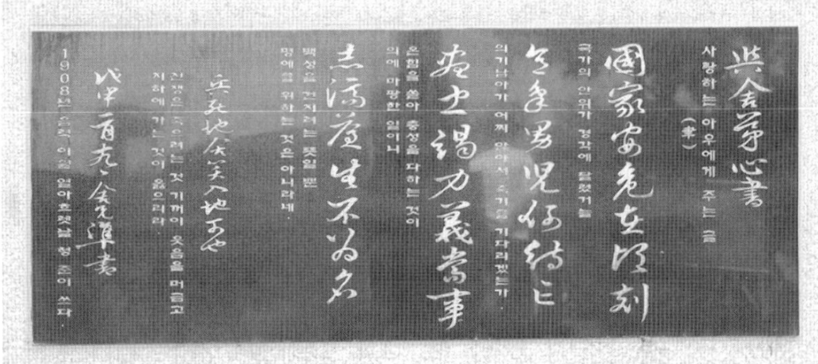

한말 의병 최대 항쟁지, 어등산

'물고기 어(魚)'자에 '오를 등(登)'자를 쓰는 어등산(魚登山), 그 이름처럼 어등산에는 큰 잉어가 용이 되어 산에 올랐다는 전설이 전해지고 있다. 어등산은 그리 높은 산은 아니지만(338m) 등선이 길고 골짜기가 깊었고, 주변 지역을 둘러싸고 있어 한말 의병들의 주 활동 무대로 이용되었다.

남도 지역의 한말의병은 동학농민혁명의 후유증 때문인지 타 지역에 비해 다소 늦게 시작했으며, 중기 의병까지는 대표적인 의병장이라고 꼽을 사람이 없을 정도로 활발하게 의병 활동이 전개되지는 않았다. 물론 일본의 주재소를 털거나, 일진회원들을 구타하는 등[1] 크고 작은 의병활동이 있기는 했으나 중기 의병까지는 호남의병의 중심지는 광주가 아니었다.

1907년 후반, 헤이그 특사 사건 이후 고종이 강제 퇴위 당하고 군대마저 해산 되면서 전국적으로 의병이 일어났다. 특히 1907년부터 1909년까지 3년 동안 광주에서는 110여 차례의 크고 작은 전투가 일어났을 정도로 가장 활발하게 의병활동이 전개되었다.

---

1 1906년 3월 31일자 「대한매일신보」에 "전라남도 광주 지방에서 의병이 일어나 곳곳에서 쌀 250석과 기타 금품을 강탈하며 일진회원 20여 명을 감금 구타하였는데(…)"라는 기록이 있다. 그리고 12월 15일자 신문에는 "전라남도 등지의 의병이 곳곳에서 봉기하여 인명을 살해하는 폐가 종종 있더니 일전에 광주우편국을 습격하여 사무원 좌야씨를 살해 하였다."는 기사도 남아 있다. 이 두 기사는 누가 주도했는지, 그 후 어떻게 진전되었는지는 확인할 수 없지만, 당시 광주 지역에도 크고 작은 의병활동이 일어났음을 알 수 있다.

당시 광주를 중심으로 활동한 대표적인 의병부대와 활동 목표에 대해 일제는 1908년 1월 14일자 광비발(光秘發) 제 67호에 다음과 같은 기록을 남기고 있다.

어등산 한말 호남의병 전적비

> "이 방면에 있어서 폭도의 수괴는 고 최익현의 문하인 장성군 서이면 송계동 거주의 기삼연 부자, 나주 거평면 갈마지 거주의 김태원, 광주군 고룡명 장교 거주의 박처인 형제 등이다. 근거지는 일정하지 않으며 전라북도와 경계하는 장성군의 산맥 안, 혹은 장성, 함평, 나주, 광주 등의 군 경계에 있는 산맥 안을 배회 출몰한다. 많을 때는 100명 내지 200여 명, 적을 때는 30여 명이 단체가 되어 횡행한다. 그들이 목적하는 바는 일본인을 죽여 없애고 일진회원 및 경찰 관리를 살해하는데 있다. 물론 한편으로 각 면에 있어서의 조세 징수원을 협박하여 징세를 금하고, 이미 징수한 금액을 약탈하는 데 있다."

1908년에서 1909년 일제에 의해 '폭도수괴'라 불렸던 광주지역의 의병장은 기삼연, 김태원·김율 형제, 박처인 형제 등이 있었다. 이들 부대의 규모는 많게는 100~200명, 적게는 수십 명의 규모였으며, 주로 지형지물을 이용한 게릴라 전술을 쓰면서 의병활동을 전개했다. 그러나 신식 무기로 무장된 일본군과 달리 무기의 열세를 보인 의병들은 전투가 지속될수록 피해가 커져만 갔다.

일제는 의병활동을 막기 위해 때와 장소를 가리지 않고 크고 작은 토벌 작전을 전개한다. 특히, 1908년 2~4월에 전개된 토벌 작전으로 광주 지역의 의병 200여 명 이상이 전사했는데, 이때 기삼연과 김준·김율 형제 등이 희생되었다. 그러나 토벌 작전으로도 광주를 비롯한 남도 의병이 사라지지 않자, 일제는 1909년 9월부터 두 달간에 걸쳐 이른바 '남한폭도대토벌작전'을 자행한다. 이로 인해 남도 지역의 의병은 막대한 피해를 입었다. 의병 500여 명이 전사하고, 피체 혹은 자수자가 1500명을 넘었다. 이때 광주 출신의 양진여, 오성술, 김원국과 심남일, 안규홍, 강사문, 강무경 등 남도의 대표적인 의병장들이 체포되어 처형되었다. 이 토벌 작전으로 전남은 물론 광주의 의병 활동도 막을 내리게 된다.

그렇다면 왜 어등산이 광주 지역 한말의병의 주 활동 무대였을까? 어등산이 남도 최대 격전지가 될 수 있었던 것은 광주를 비롯한 장성, 나주, 함평을 잇는 지리적 이점 때문이었다. 어등산은 3~4개 군의 경계에 위치하고 있어 관할 구역이 애매했고, 주위에서 가장 높은 산(338m)이었기에 일본군의 추격을 따돌리고 주변 지역을 관측하

김태원 의병부대 어등산 전투지 전경

기에 용이했고, 인근 지역과의 네트워크 형성에도 편리했다. 이러한 복합적 요인 때문에 어등산은 한말의병의 중심지 역할을 했으며, 또한 많은 의병들이 피를 흘리는 한말의병의 최대 격전지일 수밖에 없었다.

오늘날 어등산에서 피를 흘리고 순국하신 의병들을 다양한 방법으로 기리고 있다. 광산구차원에서 호남의병과 관련된 학술세미나, 전적지 보존, 의병체험활동 프로그램 운영 등 다양한 사업을 진행하고 있으며, 매년 10월 25일 '어등산 의병의 날'을 지정하여 민관합동 공동 추모제 등이 열리는 등 다양한 방식으로 호남의병을 기리고 있다. 또한 최근에는 한말 호남의병 격전지인 어등산에 관련 기념관 건립이 추진되고 있다.

광주 3·1운동의 중심지, 양림동

최근에 분위기 좋은 카페와 식당, 그리고 낭만과 청춘으로 젊은 사람들을 끌어모은 광주의 핫플레이스(hot place)가 있다. 그곳은 바로 양림동이다. 1930년대 모던보이, 모던걸의 콘셉트로 청춘과 낭만이 흘러넘치는 이곳 양림동은 100년 전 조국의 독립을 원하던 청춘들의 만세 소리로 가득 찬 3·1만세운동의 중심지였다.

광주지역의 3·1만세운동은 1909년 이른바 '남한폭도대토벌작전'으로 인해 항일운동 주체세력의 큰 타격으로 인하여 주춤한 듯 보였다. 그러나 광주지역의 3·1만세운동은 당시 인구의 10% 이상이 참여했을 만큼 엄청난 규모로 일어났다. 그리고 광주지역의 만세운동은 특징적으로 다른 지역과 다르게 미국의 남장로회가 항일운동의

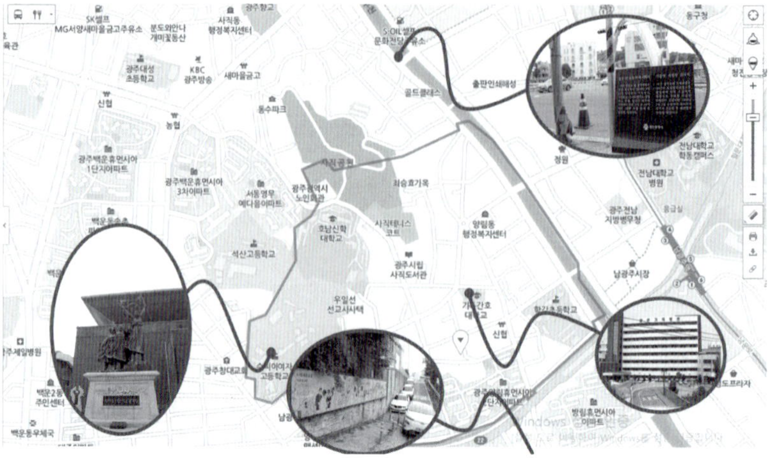
양림동 3·1만세운동 관련 기념물들

주축으로 활약했다. 당시 광주 3·1만세운동에서 기독교도들이 5할이 넘을 정도로 기독교세력 중심으로 만세운동이 전개되었으며, 그 중심지로 양림동이 존재했다.

광주지역의 만세운동은 동경 유학 중이던 광주 출신의 정광호가 조선청년독립단 명의의 '2.8독립선언서'를 광주 청년들에게 전달하면서 시작했다. 동경의 2.8독립선언에 호응하여 국내에서 만세운동을 전개하고자 했던 정광호는 최남선을 만나 이야기를 나눴으나, 확실한 답을 얻지 못하자 독립선언서를 가지고 광주로 향하게 된다.

2월 말, 3·1운동 거사준비위원회의 특명을 받고 서울서 내려온 김필수 목사가 최흥종과 김철을 만나 거사 계획을 전달하고 돌아간다. 이어 최흥종과 김철은 서울로 올라가 광주의 3·1운동을 어떻게 성사시킬 것인가에 대해 협의를 한 후, 이 둘은 광주 지역 만세운동의 총책임을 맡는다. 그러나 광주로 내려오던 도중 최흥종은 만세 시위에 연루되어 잡혔으며, 김철 혼자 돌아가게 된다.

광주로 돌아온 김철은 3월 5일 밤, 남궁혁(양림동 금동교회 목사)의 집에 모여 3·1운동 준비모임을 가진다. 3월 8일 큰 장날을 거사일로 정하고 역할을 분담하기 시작한다. 선언서와 태극기 준비는 최한영(광주농업학교 학생), 일반 시민 동원은 서정희(수피아여학교 교사), 기독교인 동원은 김강(숭일학교 서무 직원), 수피아여학교 동원은 홍승애(수피아여학교 학생), 숭일중학교 동원은 최병준(숭일학교 교사), 기타 학교 학생 동원은 김태열(삼합양조장 회원) 등이 맡게 된다. 그러나 광주에서 대대적인 만세 시위를 전개하기에는 준비 기간이 매우 짧았다. 그래서 이들은 3월 10일 작은 장날로 연기하게 된다.

광주 3·1만세운동 기념탑(수피아여고)

3월 10일 2시경, 부동교 아래 작은 장터로 약 천여 명의 사람이 모였다. 양림동 쪽에선 개신교인들과 숭일학교·수피아여학교 학생들이 광주천을 타고 내려왔고, 광주농업학교 학생들과 시민들은 북문통(北門通, 지금의 충장로 우체국 옆 충장로 2가에서 충장치안센터까지)과 서문통(西門通, 지금의 충장로우체국 앞에서 황금동으로 가는 길)거쳐 모여들었다. 지산면 쪽에서는 수백 명의 농민들이 몰려와 순식간에 천여 명의 사람들이 구름처럼 운집했다. 시위 군중이 모여들자 숭일학교와 수피아여학교 학생들은 「독립선언서」와 태극기 등을 나누어 주었으며, 시위 주도자들은 큰 태극기를 높이 들고 시위 군중을 이끌었다.

"터졌구나 터졌구나 조선 독립의 소리, 10년을 참고 참아 인제 터졌네
삼천리금수강산 2천만 민족 살았구나 살았구나
아 한 목소리로, 만세 만세 독립인 만만세 조선 만만세"

- 당시불렸던 독립 운동가 -

옛 광주천 작은 장터 풍경

광주 3·1운동 만세 시위지(부동교~서석교)

작은 장터에서 시작된 만세 시위는 시가행진으로 이어졌다. 시위 행렬은 서문통을 지나 현 충장로우체국 앞을 돌아 충장로로 내려가서 충장로파출소 앞에서 금남로로 들어섰다. 그리고 옛 광주지방법원(지금의 동구 금남로 카톨릭센터) 앞을 지나 광주경찰서(지금의 동부경찰서) 앞으로 모여들었다. 시위 행렬이 우체국 앞에 이르자 무장한 일본 기마 헌병대가 출동하여 주동자를 체포하고 강제 진압에 나섰다. 이 과정에서 정광호를 비롯한 만세 시위 주동자와 시위 군중 100여 명이 체포되었다.

이틀날인 3월 11일에도 만세운동은 지속되었다. 오후 5시 무렵 숭일학교와 농업학교 학생들을 선두로 300여 명의 시민들과 시내를 돌며 만세를 불렀다. 그리고 3월 13일에는 광주읍 큰 장날을 이용하

여 1000여 명의 군중이 만세를 부르고, 일부는 시위행진을 전개했다. 3월 15일에는 송정면 송정리 정거장 앞 광장에서 보통학교 학생들과 시민들이 태극기를 들고 만세를 불렀다.

한편 기독교도이자 제중원(지금의 광주기독병원)의 회계원으로 근무하던 황상호 등은 문서배포를 통한 독립운동 확산의 필요성을 느끼고 제중원 지하실에서 등사판을 이용하여 '조선독립광주신문'을 간행하여 배포하였다.

광주 제중원(1917년)

광주 제중원 터(현 광주기독병원)

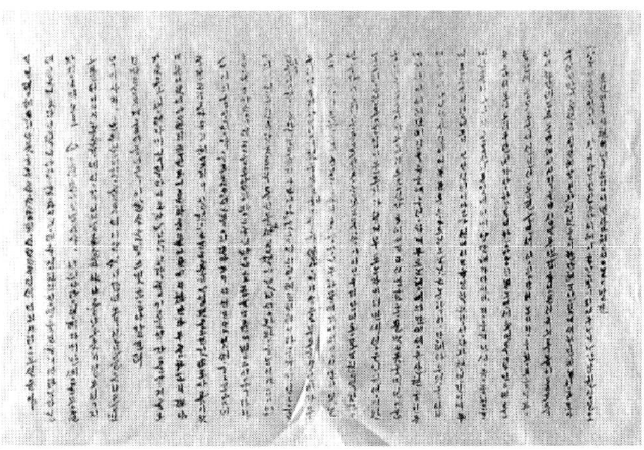

당시 배포되었던 조선독립 광주신문

연이은 시위로 시내의 경비가 삼엄해졌다. 이에 상인들은 철시로 이에 맞섰다. 비아·하남·임곡·동곡·평동·삼도·보량 등 각 면에서는 4월까지 하루도 빠짐없이 산에 봉화가 오르는 것을 신호로 횃불을 들고 만세 투쟁에 호응했다. 그러나 광주 지역의 3·1만세운동은 16일까지 전개되었다. 하지만 이후 전남 지역의 만세운동 확산과 광주 지역의 학생 운동에 영향을 끼쳤다.

오늘날 우리 지역에서 3·1만세운동을 어떻게 기념하고 있는지 주목할 필요가 있다. 우선 수피아여자고등학교에 당시 만세운동에 참여했던 수피아여학생들의 넋을 기리기 위한 '광주 3·1만세운동 기념비'가 세워져있으며, 매년 3월만 되면 수피아 여중고 총동창회에서 '광주 3·1만세운동 재현행사'가 이루어지고 있다. 또한 광주 양림교회와 양지종합사회복지관 앞에 3·1만세운동길이 조성되어있다. 최근에는 남구 차원에서 양림동 3·1만세운동 발상지를 테마 공간으로 조성하는 사업을 추진하고 있다.

3·1만세운동길 '아리랑고개'

3·1만세운동길에서 당시 상황을 재현한 그림

글을 마치며

우리 지역의 의병운동과 3·1만세운동은 비단 하나의 사건으로 끝나지 않았다. 1920년대 후반 일제에 항거하여 많은 학생들이 저항했던 광주학생항일운동, 1960년 광주고등학교 학생들이 전개했던 3·15부정선거 규탄 시위, 1980년 많은 광주 시민들이 참여한 5·18민주화운동, 그리고 일련의 민주주의 수호를 위한 투쟁, 최근엔 촛불혁명까지, 우리 지역의 의병운동과 3·1만세운동의 저항정신은 '민주주의정신', '광주정신'으로 발전해나갔다. 그러기에 오늘날 우리 지역의 의병운동과 3·1만세운동을 되돌아본다는 것은, 대한민국 100년 저항의 역사에서 중요한 시작점으로 바라볼 수 있을 것이다.

이 글을 통해 조금 더 많은 이들이 한말의병의 산실인 광주, 전남 지역 최대 만세 항쟁지였던 광주로 기억하는 기회가 되었으면 한다.

참고문헌

- 노성태, 『광주의 기억을 걷다』, 살림터, 2014.
- 홍영기, 『대한제국기 호남의병 연구』, 일조각, 2004.
- 『광주역사 바로보기』, 2014.
- 김주현, 『광주·전남 독립운동 사적지 1』, 독립기념관 한국독립운동사연구소, 2010.
- 독립운동사편찬위원회, 『독립운동사』 3-삼일운동사(하), 1971, 555-562쪽.
- 한규무, 「광주·전남 기독교인들의 3·1운동 참여와 동향」, 『한국기독교와 역사』 13, 한국기독교역사연구소, 2000.

• 홍영기, 「한말 광주지역의 의병활동과 魚登山」, 『호남문화연구』 26권 0호, 전남대학교호남학연구원, 1998.
• 노성태, 『양진여·양상기-부자의병장실기』, 한국문화협회 광주광역시지회, 2009.
• 김갑제·문대식 편저, 『조선망국기 호남의병사』, 광복회 광주전남연합지부, 2016.
• 조광철, 「광주갈피갈피-광주의 큰 장과 작은 장」, 『광주드림』, 2017.
• 조광철, 「광주갈피갈피-천정시장에서 양동시장으로」, 『광주드림』, 2018.
• http://culture.gwangsan.go.kr 광주광역시 광산구 문화관광

'광주정신'을 탄생시킨 1929년의 청년들!!!

홍지웅
전남대 사학과 3

지금의 20대가 바라보는 90년 전 20대

지금 이 글을 시작하는 나는 1996년생이다. 글을 쓰고 있는 2019년 기준 24살이다. 내가 태어나고 얼마 지나지 않아 IMF 외환위기가 일어났다. 걸음마를 뗄 때쯤의 이야기라 기억나는 것은 전혀 없지만, 최근에 '국가부도의 날'이라는 영화를 보고 힘들었던 그 시기를 알게 되었다. 영화를 통해 그 당시 국가의 상황이나 정부의 허술한 위기 관리 능력, 그리고 많은 것을 잃고 거리로 내몰렸던 서민들을 보면서 지난날의 상처를 알게 되었다. 영화의 후반에서는 외환위기 당시의 상황이 아닌 우리가 살고 있는 현재의 모습이 나오면서 비정규직, 양극화, 청년실업의 문제가 회환위기의 연장선상이라는 것을 그리고 있었다. 이 영화를 보면서 고용시장 불안정에 따른 취업난, 구조조정, 비정규직 등의 문제와 가치관의 문제를 필자를 포함한 20대들이 안고 가고 있다는 생각이 들었다. 단순히 눈으로 보이는 사회구조의 문제뿐만 아니라 호황이 아닌 불황 속에서 어린시절을 보낸

세대에게는 위축된 가치관이 자리 잡고 있고, 심한 안정지향성만을 추구하고 있다는 생각이 문득 들었다.

1929년 광주학생독립운동을 주제로 하면서 갑자기 위와 같은 IMF 이야기를 꺼낸 것은 90년 전 광주학생독립운동의 주체가 필자와 같은 20대 학생들이기 때문이다. 3·1운동, 6·10만세운동처럼 날짜 위주로 사건의 명칭이 쓰인 것이 아닌 '학생'이라는 두 글자가 사건의 이름에 들어가는 것 자체가 이 운동의 주체를 설명해주고 있다. 그렇다면 이때 학생들이 태어나고 자라날 때쯤 일어나서 청년기까지 영향을 주는 사건은 무엇이 있을까?

바로 1910년 경술국치이다. 이 학생들이 어렸을 적에 일어난 일이니까 IMF 외환위기에 대한 기억이 없는 나처럼 이 학생들도 그것에 대한 직접적인 기억을 없을 것이다. 그들은 태어나서 일본을 나라로 생각하고 일본인이 만든 교육을 받고 자랐다. 그런데 어떻게 식민지 조선에서 자기들은 기억하지도 못하는 조선의 독립을 외칠 수 있었는지 그 이유를 알아보고자 한다. 이러한 관점에서 보았을 때 1929년이라는 연도 또한 중요한 의미를 가지고 있다. 단적으로 보면, 1910년에 태어난 조선사람이 20살이 되었을 때가 1929년이다. 이 경우 조선이라는 나라는 아예 없는 상태에서 태어났는데 독립을 외칠 수 있는지 더욱더 궁금하다. 그들이 살아온 어린 시절들 속에서 독립을 외칠 수 있었던 이유를 찾아보고자 한다.

이번에는 역으로 조선을 강탈했던 일제의 입장에서 살펴보자. 1910년에 그들의 말로 한일합방을 하고 약 20년 동안 조선을 통치해오면서 그들은 식민지 조선인들에게 일본어를 국어라 가르치며 일본인으로 만들려고 노력하고 교육했다. 하지만 그 결과물로 나온 것이

1919년 3·1운동이고 1929년 광주학생독립운동이었다. 조선을 일본의 영토로 만든지 9년만에 일어난 거국적인 3·1운동은 이해를 해도 위에서 언급한 1910년에 태어나서 나라도 모른 채 일본의 교육을 받은 이가 독립운동을 주도했다. 이는 일본의 입장에서도 충격적인 사건이었을 것이다, 즉, 일본의 입장에서 광주학생독립운동은 일제 식민통치와 교육의 실패작이라고 할 수 있을 것이다.

이제 우리는 광주학생독립운동이 일어나기까지 일련의 과정을 살펴볼 것이다. 먼저 1910년부터 1929년까지 벌어진 일들을 살펴보고 어떠한 일들이 100여년전 그들에게 독립의 갈망을 일깨웠는지 알아보고자 한다. 두 번째로는 일제의 식민지 교육과 1920년대 학생들의 움직임을 집중적으로 살펴보면서 교육이 어떻게 광주학생독립운동을 만들게 했는지 알아볼 것이다. 그 후, 2019년 현재의 기념시설들을 알아볼 것이다. 광주의 20대가 광주학생독립운동을 어떻게 알고 있고, 어떤 식으로 기억되었으면 하는지 알아보는 설문조사를 준비했다. 궁극적으로 이러한 설문조사를 통해 앞으로 우리가 나아가야 할 점을 살펴보고 끝을 맺고자 한다.

학생들이여, 일어나라!

> 존경하는 국민 여러분
> 대한민국 정부가 수립되고 71년이란 세월이 지나고 있습니다. 이 와중에 대한민국의 병폐가 쌓여 한계치를 넘었습니다. 지금까지 이러한 병폐와 폐단을 고치고 나라를 회복시키기 위해 온 힘을 다해 왔으나 너무 심해져서 빠른 시일안에 나라를 구할 방도가 없습니다. 이대로 이 나라를 방치하면 다시는 돌이키지 못할 것입니다. 그래서 정부는 차라

리 이 나라를 남에게 맡겨 나라를 구할 방법을 찾아 나라를 성장시키고 발전시키는 것이 최선이라 생각했습니다. 저는 이에 스스로 반성하고, 판단하여 대한민국의 통치권을 전부터 친하고 신뢰하는 이웃나라 일본국 총리께 이양하려 합니다. 그리하여 외적으로는 아시아의 평화를 지키고, 내적으로는 한국 국민의 민생을 안정시키려 합니다. 국민 여러분께서는 이런 때 더욱 하나로 뭉쳐 대항하지 마시고 각자 생업에서 맡은 일을 충실히 해주십시오. 일본국의 문명에 복종하여 행복한 앞날을 만들어 가시기 바랍니다. 정부의 이 결정은 모두 국민 여러분을 생각하여 국민을 위한 결정이니 이해해주십시오.

- 2019년 5월 대한민국 -

자고 일어났더니 대통령이 이런 담화문을 발표했다면 어떤 기분일까? 처음에는 꿈인지 현실인지 분간이 안 갈 것이다. 현실을 인지한 후에는 대다수의 국민이 극도의 분노와 슬픔을 맛볼 것이다. 물론 이것은 필자가 승정원일기에 기록되어 있는 순종의 칙유를 나름 현대식으로 각색한 것이다. 생각만 해도 끔찍한 이러한 발표가 1910년 8월 29일에 있었고 우리는 그것을 '한일합병' 또는 '경술국치'라 부른다.

지도상에 '조선'이 사라지고 난 후 태어난 조선인들, 그즈음 유아기를 보내는 이들은 일제의 식민교육 아래 청소년기를 보내고 일본인들에 비해 매우 차별적인 대우를 받으며 살아왔다. 그 와중에 그들의 기억 속에 없는 우리 민족의 나라를 되찾기 위해 노력했다. 1920년대에 들어오고 특히 후반이 되면, 위에서 말한 조선인들이 청년기에 돌입하며 일제의 식민교육 철폐를 넘어 독립을 외치며 교정을 뛰쳐나갔다. 이제 우리는 1910년 이전 조선이 머릿속에 없는 이들이

1929년에 독립운동을 일으키는 과정을 살펴볼 것이다.

1920년대 전반에 걸친 학생운동의 대표적인 수단은 '동맹휴학' 이었다. 동맹휴학은 학생들이 학교 교과과정에서의 문제점이나 혹은 자신들의 요구를 관철하기 위해 항거하는 수단의 한 방법으로 학업을 거부하는 집단행동을 의미한다. 1921년부터 1928년까지 일어난 학생운동의 대부분은 맹휴투쟁이었다. 이 가운데서도 광주지역에서는 1924년부터 광주고등보통학교(이하 광주고보)를 중심으로 맹휴가 활발히 전개되었다.

광주지역에서 최초로 맹휴가 일어난 계기는 1924년 6월 광주고보와 재광주 일본인 선발팀 '스타' 사이의 야구경기 때문이었다. '스타'팀은 성인팀으로 평소에 고보팀보다 훨씬 실력이 앞섰다. 그런데 이날 경기에서는 투수전을 벌이며 광주고보팀이 1 : 0으로 앞서고 있었다. '스타'팀의 9회 초 마지막 공격에서 2사 3루 상황 중, 광주고보 투수의 3루 견제구가 빠져 3루 주자가 홈으로 쇄도하였으나 광주고보 내야수들의 빠른 대처로 런다운에 걸려 터치아웃이 되었다. 광주고보 팀이 1 : 0으로 승리하면서 경기가 종료하는 순간 '스타'팀 응원석에 앉아 있던 '안도 스스무'라는 일본인이 갑자기 경기장으로 뛰어들어 주심에 항의하더니 투수를 때리기 시작하였다. 키가 작은 안도는 거구의 투수에게 달려들었으나 투수가 그를 내동댕이쳐버렸다. 안도는 일본인은 개업의사로 형무소의 수석의무관도 맡고 있었는데, 일본인들 사이에서 상당한 영향력이 있었고, 야구를 좋아하여 '스타'팀의 단장을 맡고 있었다. 안도가 행패를 계속 부리자 광주고보 선수들과 군중들이 안도를 구타하고 이어 한국인과 일본인 사이의 집단 패싸움으로 확산되었다. 경찰관들에 의해 사태는 수습이 되었으나 안도가 입은 이마의 상처에 스파이크 자국이 있다고 주장하며 광주고보 출전선수 9명을 모두 연행하여 구금하였다. 이에 광주고보 학생들이 경찰서로 몰려가 선수들의 석방을 요구했으나 묵살당하였다. 학생들은 학업을 거부하고 맹휴를 단행하였다. 이 맹휴는 선수들이 석방된 9월까지 3개월간 지속되었다. 이 '야구사건'에 의한 맹휴로 고광우, 국채덕, 최헌주, 지창수 등 학생 4명이 퇴학을 당했다. 이 맹휴는 돌발적으로 벌어진 사건이다 보니 조직적으로 진행되지는 않았지만 광주고보 학생들이 본격적으로 시작한 최초의 항거이고, 이후 광주학생독립운동과 연결되는 징검다리 역할을 하게 된다.

맹휴의 최초 발단을 일본인 구두 수선공과의 차별대우에서 보기도 한다. 1923년 봄, 광주고보 김창식이 일본인 구두수선공업자 시바하라와 싸움이 벌어졌다. 원인은 김창식이 '같은 가격으로 구두를 맞추는데도 일본인 중학생 구두는 좋게 만들어 주고, 우리 고보생 구두는 나쁘게 만들어 준다'고 항의했다. 그러자 일본인 구두수선업자가 '조선인이 말이 많다'고 핀잔을 주면서 싸움으로 발전하게 되었다. 싸움이 벌어지자 이웃 식료품가게 주인 나가다까지 합세하여 시바하라를 응원했다. 이에 격분한 고보생들이 김창식 편을 들며 끼어들었다. 순식간에 싸움은 부근에 있던 사람들까지 합세하여 조선인과 일본인 간의 싸움으로 확대되어 험악해졌다. 뒤늦게 일본인 경찰이 쫓아오기 시작하였다. 경찰이 온다는 사실은 당시 말을 타고 다니기를 좋아하던 미국인 '해미'라는 사람이 고보생들에게 '피신, 피신'하며 정보를 전달해 주었기 때문이다. 고보생들은 이 정보를 듣고 즉시 자리를 떠서 피해를 면했으나 일본 경찰들은 고보생들을 잡으려고 시내 사방으로 흩어졌다. 이 일은 당시 광주에서 큰 화젯거리가 됐다.

1927년 5월, 수학여행을 다녀온 광주고보 학생들은 학교시설의 미비와 민족차별교육을 이유로 맹휴를 감행하였다. 만주로 수학여행을 다녀오면서 평양고보에 들렀는데 평양고보의 좋은 시설들이 광주고보의 그것과 너무 차이가 나 불만이 생겼다. 또한 이 시기 광주중학도 여러 시설들을 갖추었다. 일제는 광주고보의 유능한 교사들을 광주중학으로 전출보내기도 하였다. 교과과목에서도 광주고보는 실업과목이 있었던 반면 광주중학은 인문계 중등학교로서의 교과과목을 채택하였다. 조선인을 '식민지 통치의 도구'로 보고 일본인을 '식민지 통치의 지도자'로 보는 일제의 인식을 여과없이 보여준다. 학교에 1차 건의를 했으나 학교가 이를 묵살하자 학생들은 맹휴에 들어갔다. 시라이 교장은 학생들의 요구를 들어주겠다고 했으나 이는 말로만 한 약속일 뿐이었다.

1928년 6월 중순에는 '이경채 사건'이 일어났다. 광주고보 5학년인 이경채가 행동한 항일 유인물 배포사건이다. 이경채는 친구인 박병하, 윤혜병과 함께 항일 유인물을 광주 시내 곳곳에 붙이고, 전남도내 유지들에게 유인물을 편지로 발송하였다. 이를 심상치 않게 본 일본 경찰은 수사력을 집중시켰고 6월에 이경채가 잡혀 구속되었다. 문제는 여기서부터 시작이었다. 광주고보의 시라이(白井)교장은 이경채의 부친을 불러 권고퇴학을 종용하였고 이를 거부하자 이경채를 퇴학시켜버렸다. 영문도 모르던 학생들은 이경채가 출석부에서 퇴학처리 되어있자 학교 당국에 이경채의 퇴학 사유와 무죄 석방될 경우 복교 여부를 밝힐 것을 요구하였다. 학교 측이 이를 거부하자 1928년 6월 26일 1학년을 제외한 전교생이 맹휴투쟁을 감행하였다.

이로써 1928년 광주지역의 대맹휴투쟁이 시작되었다. 일본의 식민지 차별교육에 대한 불만과 조선인 교육의 열망이 '이경채 사건'을 통하여 폭발하였다. 학생들은 다음과 같은 요지의 진정서를 작성하여 학교장에게 제출하고 맹휴를 시작하였다.

① 교우회의 자치권을 인정할 것
② 물리·화학교실의 증축
③ 이경채의 제적사유 해명과 무죄시에는 복교시킬 것
④ 하세가와(長谷川) 외 6명의 무자격 일본인 교사의 축출
⑤ 조선인 교유의 채용
⑥ 조선 문법의 강의
⑦ 상기요구조건을 실현시킬 수 없을 경우에 시라이 교장은 인책사퇴할 것

학교는 다음날 긴급회의를 열어 주동자 27명을 퇴학시키고 281명을 무기정학에 처하는 징계를 내렸다. 당시 광주고보 전교생 500명 중 1학년을 제외한 모든 학생이 맹휴에 참가했음을 감안한다면 전학생을 처벌한 것과 같았다. 맹휴에 주도적인 역할했던 이들 중 전일본 정구대회 출전대표로 확정되었던 정구선수 임주홍이 있었다. 일본은 그가 맹휴의 주동자임을 알고 있음에도 불구하고 선전목적에 이용하기 위해 처벌하지 않았다. 그러나 임주홍은 일본의 간사한 속임에 넘어가지 않고 정구대회 출전을 거부하며 맹휴에 가담하였다. 폭력적인 시위나 파괴행위를 한 것이 아니고 요구사항과 함께 수업을 거부한 행동을 가지고 모두 징계하는 것은 조선인을 대하는 일본의 태도를 보여주었다. 6월 29일에는 한일공학인 광주농업학교 조선인 학생들이 맹휴에 들어갔다. 이들도 며칠 전 조선인 교육 개선 등

을 이유로 진정서를 교장에게 제출하였으나 이를 거부당하자 맹휴에 돌입하였다. 고보와 농교의 위치가 지리적으로 가깝고, 같은 통학로였기 때문에 서로 친밀하였다.

학교의 계속된 탄압에도 불구하고 학생대표들은 뜻을 모아 중앙본부를 구성하였다. 아래에 참모부·회계부·경비부·외교부 등의 부서를 두고 조직적으로 맹휴를 이끌어나갔다. 안타까운 현실에 직면하기도 하였다. 맹휴중앙본부를 구성하고 학생들이 맹휴에서 이탈하는 것을 막기 위해 안간힘을 썼다. 학교 당국은 학부모와 학생들에게 개인적으로 접근하거나 각종 연고를 이용하여 맹휴에 다시는 참가하지 않겠다는 서약서를 받아내기 시작하였다. 결국 학생들 사이에서 동요가 일어났다. 6월 30일 저녁, 홍모(洪某)군이 그의 담임인 일본인 교유 후쿠다(福重)의 집에서 나오는 것을 목격한 학생이 있었다. 맹휴가 시작되면서 맹휴중앙본부 경비부는 학교주변 극장, 술집이나 일본인 교사 집 주변에서 출입자를 감시하고 동태를 살피고 있었다. 맹휴에 반(反)하는 학생들을 색출하여 비밀누설 등의 경우에 대비하기 위함이었다. 홍군은 일반복으로 변장한 경비부에게 발각되었고, 현재 사직공원 중턱인 양파정(楊波亭) 대나무밭 부근으로 끌려가 추궁당했다. 경비부가 홍군을 추궁하는 중에 화를 참지 못해 머리를 가격하였고 홍군은 상처를 입었다. 경비부는 피가 흥건한 그를 내버려 둘 수 없어 상처에 약을 발라주고 집으로 돌려보냈다. 이튿날, 이 사건은 일본 경찰에 접수되어 경비부는 실형을 받았다.

이 사건은 일본의 농간에 휘둘려서 같은 학교의 친구끼리 상해를 입힌 안타까운 현실을 보여준다. 일본이 1920년대 들어오면서 친일파들을 더욱 양산하여 같은 민족끼리 분열을 일으키는 비열하고 교활한 전략을 자라나는 학생들에게도 보여주고 있었다.

이후 맹휴중앙본부는 학교 당국과 경찰의 압력에 동요를 보이는 학생들에게 「중앙본부 통신경고문」을 보내고 실형을 받은 학생들의 무죄 주장과 함께 8월 25일에는 귀향 중인 학생들을 불러모아 찍을 공고히 하는 「실행요목」을 보내 단결을 요청하였다. 이런 가운데 개학이 점점 다가오자 일부 학부모들의 태도 변화로 인해 학교당국과 협의한 후 9월 17일을 등교일로 정하였다. 그러자 9월 11일 밤 광주에는 위협적인 유인물이 선전되었다.

1. 맹휴생으로 17일에 등교하는 자는 타살한다.
2. 학부형회 위원 강익수는 믿을 수 없으므로 부형들은 자제를 등교시키지 말라

학생들의 계속된 투쟁에도 불구하고 9월 17일 등교로 4개월 만에 광주의 맹휴투쟁이 끝이 났다. 경찰은 40~50명을 검거하여 취조한 끝에 주동자 8명을 재판에 넘겨 정동화·박세영은 징역 10월, 최규창·변진계·이만동·임주홍은 8월, 서재호·김기권은 6월의 실형을 선고받았다.

4개월이 넘는 대 맹휴 끝에 다시 수업이 시작되었지만, 일본과 학교 당국에 의해 겉으로만 수습된 것이었다. 학생들이 내세운 요구조건은 하나도 반영되지 않았기 때문이다. 학생들의 순수한 요구와 주장을 묵살한 당국은 유시퇴학을 추진하였다. 의식 있느 학생들을 교장 직권으로 학교에서 몰아내는 것이다. 대상 학생의 학업이 부진할 때는 성적을 이유로 자퇴시키고, 성정이 우수한 학생에게는 신상

에 위험이 있을 수 있다고 협박하여 퇴학을 종용하였다. 학생이나 학부형이 학교 당국의 이러한 권고에 불응하면 유시퇴학을 시켰다. 1929년 봄, 유사퇴학으로 학교에서 쫓겨난 학생들이 상당히 많았다. 대 맹휴로 퇴학을 당했다가 다시 재입학한 학생들이 많았는데 유시퇴학의 대상은 바로 이들이었다. 3월 23일 종업식 훈화를 하기 위해 시라이 교장이 교단을 올라오는 순간, 한 학생이 일어나 큰 목소리로 외쳤다.

"교장선생님은 최근 학생들을 유시퇴학으로 학교롤 나오지 못하게 하는데 어떤 이유 때문에 이런 비교육적인 유시퇴학제도를 활용하는 것입니까? 그 사유를 밝히시오."

이에 식장에 있던 학생들이 일제히 함성을 지르며 분위기가 싸해지자 교장은 교장실로 들어가 버렸다. 학생들이 뒤를 쫓아 교장실로 몰려갔으나 교장은 문을 잠그고 학생들이 못 들어가게 하였다. 흥분한 학생들이 창문을 부수고 교장실로 진입하려 한 가운데 소란이 벌어졌다. 결국 일본 경찰이 출동하였고 이 사건은 법정으로 넘어갔다. 주동자로 지목된 김몽길·여도현·김경술·하길담 등 4명에게 각각 6개월의 직영형이 내려졌다.

광주학생독립운동에서 중요한 역할을 했던 몇몇 학생 조직이 있었다. 광주학생독립운동에서 빼놓을 수 없는 성진회, 독서회부터 비교적 잘 알려지지 않은 소녀회, 백청단 등등 여러 학생조직들이 1920년대 후반 광주의 학생운동을 지탱하고 있다.

성진회는 광주고보 학생 왕재일, 장재성과 광주농교 학생 박인생 등이 제안하여 1926년 11월 3일 광주 부동정(지금의 불로동)에 있는 최규창의 하숙집에서 광주고보와 광주농교 학생 15명이 모여 결성하였다. 모임의 명칭은 왕재일이 제안한 '깨달아 나아가자'는 뜻의 성진회로 하였으며, 집행부는 총무에 왕재일, 서기 박인생, 회계 장재성으로 이루어졌다. 강령은 다음과 같이 채택하였다.

1. 일제의 굴레에서 조선의 독립을 쟁취한다.
2. 일제의 식민지 노예교육을 절대 반대한다.
3. 언론·출판·결사의 자유를 요구한다.

학생들의 조직임에도 불구하고 마치 독립운동 단체를 연상시킬 만한 문구들이 포함되어 있다. 1908년생 장재성과 1904년생 왕재일이 주축이었는데 대한제국 시절을 거의 겪지 못하고 나라가 빼앗긴 뒤의 기억이 대부분일 그들이 조선의 독립을 강령에 명시했다는 것이 흥미롭다. 자신들이 학생으로서 학교를 다니면서 또래의 일본인 학생들과 다르게 차별을 받고 있다는 것이 일제와 갈등을 일으키는 큰 요인이다. 이게 발전하여 결국 독립운동의 성격을 갖는다.

성진회는 활동한 지 5개월이 지나 1927년 2-3월경 하순 해산하였다. 회원 가운데 한 사람이 광주 경찰서 형사와 인척관계라는 사실이 밝혀지며 비밀이 누설될 염려가 있어 그 회원을 배제하기 위해서였다. 그 후 연합집회는 하지 않았지만 각 학교 단위로 모임이 계속되었다. 1928년에는 광주고보와 농교에서 맹휴를 주동하다 김몽길·김시성·최규창·임주홍·김복근·김재룡 등이 퇴학당하거나 검거당하여 오래가지 못했다.

1929년 6월, 동경 중앙대학 예과에 유학 중이던 장재성이 학업을 중단하고 광주에 돌아와 광주고보의 김상환·김보섭·윤창하, 광주사

범의 송동식·강달모, 광주 농교의 조길룡·김순복 등과 독서회 중앙부를 결성하였다. 장재성은 광주고보를 졸업하고 일본에 유학한 뒤에도 방학 때마다 돌아와 성진회 회원들에게 사회과학을 지도하였으며 1928년 광주고보 맹휴 때에는 '동경 유학생 모교 분규사건 대책강구회' 특파원 자격으로 귀국해 맹휴투쟁에 관심을 보였다. 이런 그는 학업을 중단하고 광주로 돌아와 각 학교의 핵심 학생들을 지도하여 독서회 중앙부를 창설하였다.

이어 각 학교별로 독서회가 결성되었다. 6월 하순 광주고보를 시작으로 광주농교, 7월에는 광주사범학교에서 독서회가 결성되었다. 광주고보의 독서회 창설모임에서 장재성은 '조선의 현사회 조직에서 무산 대중은 자본계급 때문에, 조선민족은 일본제국 때문에 압박을 받고 있으므로 사회과학을 연구하여 현제도를 타파하고 민족의 해방과 새로운 사회를 실현시킬 필요가 있다'고 연설하였다. 이들은 노래를 부르며 데모하는 연습을 하기도 하였다. 불과 4개월 뒤 이 연습이 요긴하게 쓰일지는 아무도 모른채 말이다.

여학생들의 조직으로 대표적인 단체는 소녀회가 있다. 소녀회는 1927년 11월 광주여고보의 장매성을 중심으로 만들어진 조직이다. 장매성은 앞서 말한 장재성의 친동생으로 민족의 앞날과 여성의 지위 향상에 대해 관심이 많았다. 소녀회는 월 1회씩 모여 사회과학서적을 읽고 토론 연구회를 열었다. 이들은 '여성을 남성의 압박에서, 조선인을 일본의 압박에서, 무산대중을 자본계급의 압박으로부터 해방시켜야 한다'는 구체적이고 본질적인 주제를 다루었다. 광주학생독립운동이 발발하자 소녀회 여학생들은 붕대와 약을 가지고 부상학생을 보살폈다.

1930년에는 수피아 여학교 학생들이 백청단이라는 조직을 결성하였다. 일본경찰의 눈을 피하기 위하여 백청단 단원들은 안쪽에 암호를 새겨넣은 은가락지를 끼게 하여 서로가 한 단원임을 표시하였으며, 연락사항도 1대1로만 하였다. 이들은 항상 태극기를 몸에 지니고 다니다가 장소나 시간에 관계없이 동네여인들이나 사람들이 모이는 곳이면 글을 가르치고 태극기에 대한 설명을 하기 위해 준비하고 다녔다. 조선독립을 위해서는 문맹퇴치와 아동교육에 힘써야 한다고 뜻을 모아서 방학이나 휴일에는 나주, 곡성, 제주 등 고향마을에서 글을 가르치고 애국심을 심어주었으며, 우수한 학생인데도 가난하여 취학하지 못한 아동들에게 장학금을 지급하기도 하였다. 상해 임시정부의 김구 선생과 직접 편지를 주고 받으며 수피아에도 백청단이 있음을 알렸다. 활동을 활발히 벌이던 중, 1932년 12월 발각되어 18명의 회원들이 검거되고 학교는 무기휴학을 하였다. 당시 주동자로 지목된 조아라는 수피아 여학교를 졸업하고 광주이일학교의 교사로 재직 중이었는데 갑작스레 경찰에 구속되고 교직을 박탈당하게 된다.

백지동맹은 1929년 광주학생독립운동이 발발하고 많은 학생들이 구속되자 구속된 학생들의 석방을 요구하며 중간고사를 백지로 제출할 것을 결의한 사건이다. 이 모임은 광주전지역 학교 대표들의 모의에 의해 전단을 공동으로 작성하고 각 학교에 퍼트린 조직적인 활동이다. 광주여고보의 3학년 대표 최순덕은 같은 학교 여학생들 몇몇과 같이 동학교 학생들의 석방을 요구하는 내용의 격문을 작성하여 전 교실에 뿌리고 백지동맹 참여를 외쳤다. 중간고사 하루 전 11월 10일 이경채로부터 연락받고 광주지역 학생대표들과 만나 백지동맹

실시계획을 세우고 전단지를 작성했다. 중간고사날 전단지를 배포하였고 전단지를 보고도 답안지를 써 내려가는 몇몇 학생들을 보고 3학년 이광춘이 일어서서 모두 운동장으로 나가자고 하자. 일본인 학생을 제외한 조선인 학생들 대부분이 운동장으로 나왔다. '구속된 조선학생들이 모두 석방될 때까지 시험을 거부하자'라며 농성을 벌였고, 일주일 동안 교실 입실을 거부하였다.

2019년의 광주학생독립운동

2019년 현재 광주학생독립운동은 여러 모습으로 기억되고, 기념되고 있다. 광주·전남 지역에는 광주학생독립운동을 기리기 위한 기념비와 기념관이 세워져 있다. 광주학생독립운동 기념 시설은 다음과 같다.

광주학생독립운동기념탑
(광주제일고등학교 부지 내)

학생독립운동기념탑
(광주학생독립운동기념관 부지 내)

명칭	종류	건립 연도	지역	비고
광주학생독립운동 기념탑	탑	1954	광주시 누문동 (광주제일고 내)	광주학생독립운동으로 구속 고문당한 광주제일고학생 기념 건립 - 기념탑건립위원회 관리 - 광주일고
광주학생독립운동 기념비	비석	1959	광주시 오치동 (광주자연과학고 내)	광주학생독립운동으로 구속 건립 - 광주농고 동창회 관리 - 광주농고
광주학생독립운동 여학도 기념비	비석	1959	광주시 장동 (전남여고 내)	1920년대말 광주여학생들의 독립운동 기념 건립 - 기념비 건립기성회 관리 - 전남여자고등학교장
광주학생독립운동 진원 기념비	비석	1981	나주시 경현동	관리 - 나주 청년 회의소
광주학생독립운동 기념관	기념관	2005	광주시 화정동	1967년 광주시 황금동에 건립 2005년 이전 건립 건립 - 기념비 건립기성회 관리 - 기념관장
광주학생독립운동 기념탑	탑	2008	광주시 풍향동	건립 - 광주교대

광주학생독립운동은 위와 같이 다양한 방식으로 기념되고 있다. 그렇다면 현재 광주의 20대들은 광주학생독립운동을 어떻게 인식하고 있을까? 실제 20대들의 생각을 확인하고자 광주에 거주하고 있는 20대를 대상으로 아래와 같은 질문지를 제시하고, 답변을 얻고자 하였다.

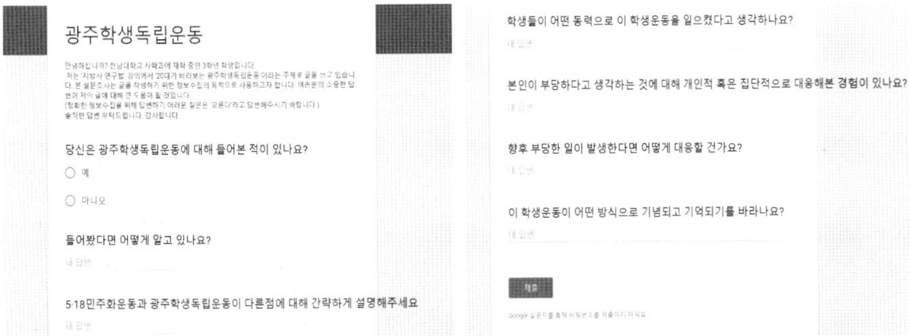

1. 당신은 광주학생독립운동에 대해 들어본 적이 있나요?

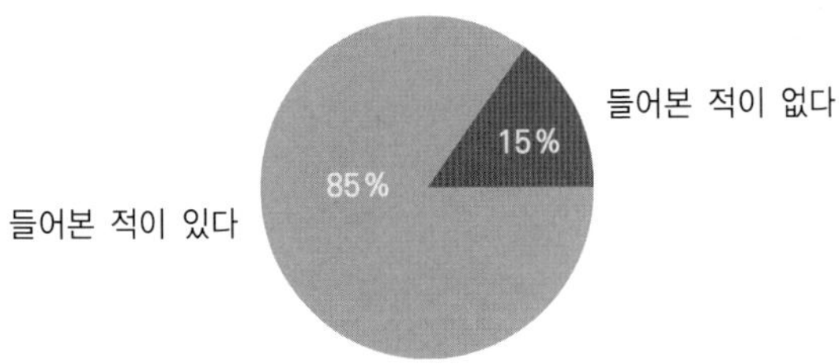

2. 들어봤다면 어떻게 알고 있나요?

대부분 한국사를 배우는 과정에서 알게 되었고, 나주역 사건에 대해 알고 있었다.

구체적인 답변은 아래와 같다.

- 고등학교 수업에서 들은 적이 있고 3·1운동 이후 최대 항일운동으로 알고 있다.
- 일제강점기 광주·전남 지역의 학생들을 중심으로 일어난 독립운동으로 알고 있다.

- 기차에서 성희롱당하는 여학생을 구하려던 남자가 구타를 당한 것을 계기로 일어난 항일운동이다.
- 전남여고 출신이라, 고등학생 때부터 익히 들어 알고 있다. 학교에서 11월 3일이면 학생의 날 기념행사를 크게 하고, 모교의 대선배님들께서 학교 내 역사관에 오시는 등 그날은 학교의 행사날이었다. 그래서 11월 3일이 되기 전에 역사 선생님들께서는 수업 광주학생항일운동에 대해 따로 1시간씩 수업을 하였다. 저희는 수업을 들은 후 역사관 관람을 통해 광주학생항일운동의 전체 과정과 사진, 유물 등을 확인할 수 있었다. 내가 기억하는 광주학생항일운동은 일제강점기 때 전남여고(당시 광주여고보?) 재학 중인 여학생의 머리를 일본의 광주중학교학생이 잡아당기는 등 희롱을 하다가, 현 광주일고에 재학 중인 학생이 말리는 과정에서 큰 싸움으로 시작되었다. 그러나 처벌과정에서 일본인 학생은 석방되고, 조선인 학생만 처벌받은 것을 시발점으로 그동안 일제치하 차별교육에 불만을 품은 학생들이 중심이 되어 일으킨 항일운동으로 알고 있다. 당시 학생들이 백지동맹부터 시작해서 휴학동맹까지 적극적으로 집단행동을 했다는 점에서 큰 의의를 가지고 있다고 생각했다. 일화로 전남여고 재학시절 학교 선생님들께 단체로 불만이 있거나 부당한 대우를 받았을 때 시험지 백지동맹을 맺자고 시도하였으나, 수험생이라는 현실적인 여건으로 부딪혀 결국 무마되었던 귀여운 과거가 생각난다.
- 독재정치에 저항하는 민주화운동으로 알고 있다.

3. 학생독립운동기념일은 언제입니까?

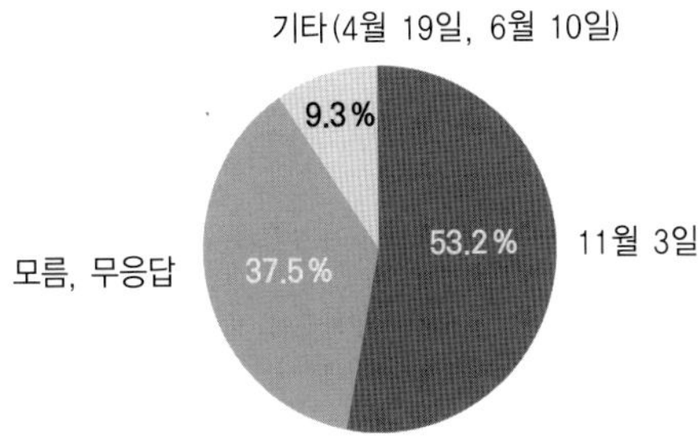

4. 학생들이 어떤 동력으로 이 학생운동을 일으켰다고 생각하나요?

- 식민지배 상황에서 일본인 학생과 조선인 학생간의 다툼 및 부당한 대처가 광주학생독립운동을 일으켰다고 알고 있다.
- 1920년대 사회주의 운동이 큰 동력이라고 생각한다.
- 2차 교육령 이후로 심해지는 차별과 탄압으로 정당하지 못 한 삶을 살았기 때문이라고 생각한다.
- 불의를 보고 참을 수 없는 마음과 일제 안에서의 우리 민족을 지키기 위한 마음 때문이다.
- 시국과 관련된 애국심. 희롱당한 학생에 대해 본인을 투영과 동질감, 다수의 결집성이 동력이 되었다.
- 한국과 일본 학생들을 차별적으로 대우하며, 한국 학생들을 탄압하고 무차별적으로 폭압, 폭행하는 태도에 대한 분노 때문이다.
- 첫째로 애국심이다. 당시 학생들은 학교를 다니면서 끊임없이 일본인과 차별을 받았다. 당시는 제2차 조선교육령을 실시할 때로 일제는 겉으로는 일본인과 조선인을 동등하게 대우하며 동일한

교육을 받는 것처럼 꾸몄으나, 실상은 일본식 교육을 강요하고 우리의 민족교육을 억압하는 기만적인 정책이다. 따라서 학교 내에서도 일본인과 같은 고등교육을 받기 어려웠고 이외에도 교육제도면에서 차별받았으며, 일본인 교사에 의한 수업이 진행되었다. 이런 상황들이 종합되어 학생들은 불만을 가지고 있었으며, 나아가 일제의 식민지 지배에 대한 분노와 이에 대항하는 애국심이 발로하여 일으킬 수 있었던 것 같다.

둘째는 집단의식이다. 어쩌면 애국심보다 집단의식이 더 크게 작용했다고 생각한다. 학생들이 처음부터 목숨을 다해 일제에 적극적으로 저항하겠다는 의지로 이 운동을 시작하지는 않았을 것 같다. 처음엔 내 친구가 억울한 일을 당한 적개심과 분노심에 친구들과 함께 시위를 하면서 점차 부당함을 깨닫고 적극적으로 나아간 것이 아닐까 싶다.

5. 본인이 부당하다고 생각하는 것에 대해 개인적 혹은 집단적으로 대항해본 경험이 있나요?

- 역사 교과서 국정화 반대 시위에 참여한 적이 있다.
- 있다. 하지만 썩은 물은 복구가 불가능했다.
- 학교에서 개인적으로 상담을 통해 문제를 해결한 경험이 있다.
- 아르바이트에서 부당한 대우를 받았을때 고용노동부와 상의하여 대응했다.
- 군대에서 매뉴얼이나 규칙에 맞지 않는 경우 개인적인 차원에서 항의하거나 규칙에 맞게 대응한 경험이 있다.

- 최순실 국정농단 사태 관련 박근혜 탄핵 촛불대회 참여한 적이 있다.
- 집단적으로 대항해본 경험이 있다. 한 가지 일화로 고등학교 2학년 재학시절 학교에는 학교 경비를 맡고 계신 경비원 아저씨가 있었다. 그분이 항상 급식실에서 남은 밥과 반찬에, 급식소 아주머니들의 불만을 들으면서 밥을 먹을 만한 자리도 아닌 비루한 곳에서 식사하시는 장면을 여러 번 목격했다. 나뿐만 아니라 많은 학생들이 아무리 경비원이라도 저건 너무하다는 의견이 많았고, 그때 처음으로 집단행동을 했다. 반별로 학교운영 전반에 대한 설문조사를 하는데, 마지막 칸에 자유롭게 건의할 수 있는 빈칸이 있었다. 당시 반장이었던 나는 부당하다고 생각하고, 같은 생각인 친구들은 마지막 칸에 의견을 적고 건의하자고 하였고, 대다수가 부당함을 토로했다. 그렇게 설문지는 담임선생님께 검사를 맡고 바로 교장선생님께 찾아갔던 기억이 있다. 혼자였으면 두려워서 하지 못했을 일을 여러 명의 학생들이 함께 동조하고 지지하니 용기가 나서 실천에 옮겼다. 결국 좋게 시정되어 그 뒤로 경비원 아저씨는 저희와 함께 따뜻한 밥에 좋은 자리에서 식사를 하게 되었다.

6. 향후 부당한 일이 발생한다면 어떻게 대응할 건가요?

- 집단행동을 통해 의견을 표출한다.
- 법적 제재를 알아본다.
- 부당한 일이라 해도 피해가 오지 않도록 가만히 있을 것 같다.

- 개인적인 대응은 주저되지만, 다수로 결집해서 대응한다면 강하게 행동할 수 있을 것 같다.
- 옳지 않은 것이라고 이야기는 해볼 것이다.
- 비슷한 일을 겪은 사람들의 의견을 모아 집단적으로 대응할 것이다.
- 학생 때처럼 무모하게 불만을 토로하기보다는, 문제의 원인부터 해결방안 그리고 대항했을 때 일어날 여러 결과를 미리 생각한 후 적극적으로 건의할 것이다. 단순히 보고 지나치진 않을 것이며 소극적이든 적극적이든 제가 할 수 있는 역량 내에선 최선을 다해 대응하고 싶다.
- 잘 모르겠다.
- 개인의 힘이 약하다면 다른 큰 기관들을 통해 대응하고 언론을 이용할 것이다. 문제를 해결할 수 있는 법 조항이 있는지 찾아본다.
- 정당한 규칙에 맞게 대응하되 제일 좋은 방법은 상급기관에 알리는 것이 좋다. 아니면 관련 기관에 제보도 좋을 듯하다.
- 그때마다 처한 상황에 따라 결정하겠다.

7. 이 학생운동이 어떤 방식으로 기념되고 기억되기를 바라나요?

- 일제의 차별에 대해 저항한 성공적인 학생운동으로 기념되면 좋겠다.
- 소셜미디어에 텍스트나 영상 등, 혹은 대외활동 등을 통해 많이 언급되고 노출이 되면 자연스럽게 기억되지 않을까 싶다. 실제로 래퍼나 댄스크루들이 컨텐츠화 혹은 퍼포먼스화하여 더욱 화제성을 일으키는 전례들이 최근에 있었다.

- 학생들의 동력이 어디에서 나오는지에 대한 질문을 던지는 방식으로 행사가 이루지면 좋겠다.
- 광주학생독립운동에 대한 명칭과 의미가 확고하게 규정되고, 광주 시민들, 더 나아가 전 국민에게 이것에 대한 바른 교육 실시가 필요하다고 생각한다.
- 독보적인 학생운동이자 우리 지역에서 있었던 학생운동이기 때문에 그 가치와 의미가 퇴색되지 않고, 제대로 알려지기를 바란다.
- 갑에 대한 을의 저항을 주제로 기념되었으면 한다.
- 일제강점기의 항일운동은 비극적이다. 우리 민족이 피해자일 뿐만 아니라 실제로도 비극적이기 때문이다. 하지만 광주학생항일운동은 좀 더 다른 의미이길 바란다. 당시엔 온전히 모든 것을 바치기 어려웠던 어른들이 많았다. 그러나 학생들은 아직은 어렸기에 온 힘을 다해 저항할 수 있었다고 생각한다. 그랬던 그들의 열정과 노력, 또 고심했던 그 순간들을 많은 사람이 기억하길 바란다. 학생들만이 가지고 있었던 감정을 기억하길 바란다.
- 목적과 의미에 대해 꾸준히 학문적으로 연구되었으면 한다.
- 광주에서 일어난 운동이라는 점도 굉장히 중요하다고 생각한다. 그리고 좀 더 확장해서 나라를 위한 청춘들의 움직이었다는 것도 강조된다면 좋을 것 같다.
- 5·18민주화운동처럼 광주에서 시작된 항일운동이라는 점이 더 알려졌으면 좋겠다.
- 개인의 일에 함께 분노하고 참지 않았던 한마음이 되었던 광주학생들의 항일운동의 정신이 기억되기를 바란다.

- 기념일은 광주사람들도 대부분 알지 못하기 때문에 학교에서도 교육하면 좋을 것 같고 5·18처럼 기념하는 문화가 있으면 좋겠다.
- 기념일처럼 학교(중·고등)에서 당일 날 설명해줬으면 좋겠다.
- 일본에 의한 조선의 근대화는 단순한 식민지 지배를 위한 수단이었으며 당시 식민지배에 대항한 민중들의 저항은 독립까진 성공 못 했지만 큰 의의를 가진 운동으로 기억되어야 한다.
- 단순 추억과 정치적 이용이 아닌 운동 정신을 잇는 징검다리의 역할이 되었으면 한다.
- 작은 집단들도 뭉치면 큰 영향력을 발휘할 수 있다.
- 우선 학생들이 주체라는 점을 강조했으면 한다. 현재 진행 중인 학생의 날의 행사처럼 학생들이 주체가 되어 적극적으로 저항한 사건이라는 점이 큰 의의가 있는 것 같다. 아마 저처럼 모교가 당시 항일운동에 참여한 학교가 아니면, 대다수가 자신과 먼 이야기라 생각할 것 같다. 그런 학생들에게도 이 운동이 남의 일이 아닌 우리 지역에서 발생하였고, 우리와 같은 또래 학생들이 주체가 된 운동임을 기억했으면 한다.

한정된 표본 조사이지만, 설문조사를 통해 많은 것을 알 수 있었다. 대체적으로 광주학생독립운동은 우리 지역의 대표적인 독립운동으로서 인지도가 있는 것 같다. 사건의 발단인 나주역 사건에 대해 잘 알고 있었다. 하지만 단순히 나주역 사건만이 발단이 되어 독립운동이 전개되었다고 알고 있는 경우가 많았다. 광주학생독립운동이 3·1운동 이후 최대의 독립운동이 될 수 있었던 계기는 1920년대 꾸준히 전개되어 왔던 학생들의 맹휴운동과 식민지가 된 이후 벌어진 식민교육의 차별대우라고 볼 수 있는데, 이러한 자세한 정보를 모르는 경우가 대다수였다. 또한 광주라는 한정된 지역에서만 일어난 지역적인 운동이라고 알고 있는 경우도 있었다.

> 일반인이나 학생들은 이 운동을 한·일학생간의 사소한 충돌로 인해 우발적으로 일어난, 광주라는 지역에 한정된 사건으로밖에 알지 못하고 있다. 이러한 점을 안타깝게 여겨… 새로운 『광주학생독립운동사』를 간행할 필요성을 느끼게 되어 이번에 이 책을 간행하게 되었다. 이 책의 재발간을 계기로 광주학생독립운동이 우리 독립운동사에서 제대로 자리매김을 하였으면 하는 바람이다.

이것은 1996년에 발간된 광주학생독립운동사의 발간사 중 한 부분이다. 20년이 지난 지금까지도 광주학생독립운동을 어떻게 봐야할 것이냐는 부분에서 중요한 의미를 지닌다.

광주학생독립운동을 어떤 식으로 기념하고 기억해야 할 것인가는 부분도 중요할 것 같다. 5·18민주화운동라는 우리 지역에서 크게 기념되고 추모하는 행사가 있는 가운데 광주학생독립운동도 그에 준하는 방식으로 기념되어야 한다는 의견이 있었다. 또 갑에 대한 을의 저항, 작은 개인들이 모여 큰 영향력을 줄 수 있음을 일깨워 준 운동으로 기억되어야 한다는 의견도 있었다. 특히 학생들에 의해 일어난 독립운동인 만큼 각급 학교에서 학생운동에 대한 교육이 잘 이루어져야 한다고 생각하는 의견도 많았다. 학생독립운동을 주도하여 일으켰던 지금의 광주제일고등학교, 전남여자고등학교뿐만 아니라 전국의 모든 중, 고등학교라면 학생 선배들이 90년 전에 해왔던 자랑스러운 일을 알아가고 기억해야 할 것이다.

우리는 광주학생독립운동이라는 아프면서도 자랑스러운 역사를 가지고 있다. 교훈을 습득하고 이것을 통해 앞으로 한 발짝 나아가는 것도 매우 중요하다고 생각한다. 요즘 20대들, 특히 90년대생이 사회 전반에 들어가면서 기성세대들과 많이 부딪히고 소위 '버릇없다'라는 소리를 많이 듣는다고 한다. 회사들도 이러한 20대들을 배우기 위해 노력한다는 기사도 나오기 시작한다. 물론 정말 버릇이 없는 것은 고쳐야 할 점이지만, 90년 전 우리 학생선배들이 부당한 일제의 식민교육에 싸우고 독립을 외쳤던 것처럼 젊은 20대 학생들이 우리 사회를 좀 더 맑게 해주는 정화제 역할을 했으면 한다.

참고문헌

1. 사료

- 『승정원일기』, 순종 4년.

2. 단행본

- 광주학생독립운동동지회, 『광주학생독립운동사』, 1996.
- 광주제일고등학교·광주제일고등학교동창회, 『광주고보·서중·일고 팔십년사 1920-2003』, 2004.
- 김소춘, 「장유유서의 말폐, 유년남녀의 해방을 제창함」, 『개벽』 2, 1920.

3. 논문

- 김기주, 「광주학생운동 이전 동맹휴학의 성격」, 『한국독립운동사연구』 35, 2010.

• 김성보, 「1920년대 후반 광주지역 학생운동 조직의 발달」, 『한국근현대사연구』 37, 2006.
• 민진영, 「일제하 광주의 여학생 조직과 여성교육」, 『호남문화연구』 44, 2009.
• 윤선자, 「광주학생독립운동 기념사업 평가와 향후과제」, 『호남문화연구』 43, 2008.
• 이기훈, 「일제하 보통학교 교원의 사회적 위상과 자기인식」, 『역사와 현실』 63, 2007.
• 한규무, 「성진회의 조직과 활동에 대한 재검토」, 『한국독립운동사연구』 22, 2004.

지금 우리 안의 5·18

백형대

나는 1986년생이다. 1980년 5·18민주화운동에 대한 기억은 당연히 없다. 하지만 그것은 내게 익숙한 사건이었다. 광주에서 보낸 학창시절 내내 매년 5월이면 학교는 물론 도시 전체가 80년 5월을 추모하는 분위기로 가득하였다. 민주화운동에 참여하였던 사회선생님, 대학생 시절을 회상해주던 영어선생님, 큰아버지를 보러 광주에 왔다 고립되었던 할아버지 이야기 등 생생한 증언자들의 육성을 들으며 자랐다.

그럼에도 5·18민주화운동은 내게 그저 역사 속 한 사건일 뿐이었다. 군인들이 무고한 시민들을 학살했던 비극적인 사건 정도였다. 5·18민주화운동은 역사적 평가가 끝난 사건이며, 그것이 현재의 나와 이어진다는 생각을 가져 본적이 없었다. 그러던 중 한 여고생의 시는 내게 충격을 주었다.

나가 자전거 끌고잉 출근허고 있었시야

근디 갑재기 어떤 놈이 떡 하니 뒤에 올라 타블더라고. 난 뉘요 혔더니, 고 어린 놈이 같이 좀 갑시다 허잖어. 가잔께 갔재. 가다본께 누기 뒤에서 자꾸 부르는 거 같어. 그랴서 멈췄재. 근디 내 뒤에 고놈이 갑시다 갑시다 그라데. 아까부텀 머리에 피도 안 마른 놈이 어른한티 말을 놓는거이 우째 생겨먹은 놈인가 볼라고 뒤엘 봤시야. 근디 눈물 반 콧물 반 된 고놈 얼굴보담도 저짝에 총구녕이 먼저 뵈데.

총구녕이 점점 가까이와. 아따 지금 생각혀도...... 그땐 참말 오줌 지릴뻔 했시야. 그때 나가 떤건지 나 옷자락 붙든 고놈이 떤건지 암튼 겁나 떨려불데. 고놈이 목이 다 쇠갔고 갑시다 갑시다 그라는데잉 발이 안떨어져브냐. 총구녕이 날 쿡 찔러. 무슨 관계요? 하는디 말이 안나와. 근디 내 뒤에 고놈이 얼굴이 허어애 갔고서는 우리 사촌 형님이오 허드랑께. 아깐 떨어지도 않던 나 입에서 아니오 요 말이 떡 나오데.

고놈은 총구녕이 델꼬가고, 난 뒤도 안돌아보고 허벌나게 달렸재. 심장이 쿵쾅쿵쾅 허더라고. 저 짝 언덕까정 달려 가 그쟈서 뒤를 본께 아까 고놈이 교복을 입고있데. 어린놈이.....

그라고 보내놓고 나가 테레비도 안보고야, 라디오도 안틀었시야. 근디 맨날 매칠이 지나도 누가 자꼬 뒤에서 갑시다 갑시다 해브냐.

아직꺼정 고놈 뒷모습이 그라고 아른거린다잉......

– 경기여고 3학년 정민경 2008년 작품 –

경기도의 학생이 어떻게 80년 광주에서 시민들이 겪었을 두려움과 죄책감 등을 생생하게 묘사할 수 있었을까? 그녀는 나와 5살 밖에 차이 나지 않는 또래였다. 그녀는 영화 '26년'에서 영감을 얻어 당시 광주시민들이 겪었을 심리를 묘사하였다고 한다.

2019년 또 다른 또래가 광주의 5월에 관심을 가졌다. 83년생 영화감독 강상우는 영화 '김군'을 제작하여 80년 광주시민들을 북한군으로 지목한 보수논객의 주장을 검증하였다. 그가 처음부터 5·18민주화운동에 큰 관심을 가졌던 것도 아니었다. 그저 우연히 방문한 광주에서 만난 증언자의 목소리를 듣고, 궁금증이 생겨 작업을 시작했다고 하였다.

하지만 그는 북한군에 지목된 사람들을 인터뷰 하는 과정에서 5·18민주화운동은 그리 먼 이야기가 아니며 현재진행형으로서 지금까지 지속되고 있다는 것을 깨달았다고 한다.

무엇이 두 사람에게 태어나기도 전에 일어났던 광주의 진실에 공감을 할 수 있도록 하였을까? 같은 또래인 나는 왜 광주 5·18민주화운동에 대해 공감하지 못하였을까?

군사정권이 물러나고 광주사람들은 참혹했던 기억에 대한 위로를 받을 수 있었다. 95년 5·18특별법으로 광주의 항쟁은 민주화 운동으로 인정이 되었으며, 80년 광주 시민이 그토록 저항하였던 12·12군사 쿠데타에 대한 법적 처벌을 진행할 수 있었다. 97년에는 5월 18일이 국가기념일로 지정되었다. 이후 나와 같이 광주에 자라온 청년들은 삶속에서 지속적으로 5·18민주화운동과 만나왔다. 80년 광주의 당사자들은 가족이나 선생님으로 혹은 이웃으로서 청년들에게 그날의 기억을 전해주었다. 매년 5월 18일이 되면 각 급 학교에서는 일제히 싸이렌이 울리고 함께 그날의 광주를 추모하는 행사가 열리곤 하였다. 정부 주최로 광주의 빛나는 희생을 추모하는 기념식이 열렸고 도심에는 광주정신을 기념하는 각종 행사가 진행되었다. 나는 어쩌면 은연중에 5월 기억에 대한 전쟁은 이미 끝이 났다고 생각했던 것 같다.

하지만 지금 현재, 모든 것이 정리되었을 것이라 생각하는 나의 믿음에 금이 가기 시작하고 있다. 얼마 전까지 노래 '임을 위한 행진곡'이 김일성 찬양가라는 주장이 횡횡하였다. 국회의 공청회에서 한 국회의원은 "5·18 진실을 규명하고 북한군이 개입했다는 역사적 진실을 파헤치기 위한 노력이 있었지만, 보수우파의 가치를 지키는 의원들이 많이 노력하지 않고 게을렀다"라는 주장을 하였다. 이런 망언을 내뱉은 인사들에 대한 징계를 묻는 여론조사에서는 30%에 가까운 사람들이 반대의견을 내비치기까지 하였다. 80년 당시 광주에 북한군이 개입했다고 주장하는 보수논객은 5·18진상조사위원회 위원 하마평에 오르내렸다. 한 명문대 대학원에서는 교수가 5·18 당시 북한군 개입설을 여러 가지 가능한 주장 중 하나의 위치로 격상시키는 발언을 하였다.

피해자들이 살아 있는 지금에도 이와 같은 논쟁이 벌어지고 있는데 100년 후 한국에서 5·18에 대한 평가가 뒤집히지 않으리라고 누가 장담할 수 있을까? 5·18민주화운동은 아직 완결되지 않은 것이다. 소개한 정민경, 강상우와 같이 끊임없이 질문하며 광주와 만나야 한다. 그래야 공감하고 이해 할 수 있다. 우리가 5·18민주화운동을 다양한 각도에서 살펴보고 기억하기 위해 노력해야 하는 이유이다. 이 글에서는 영화, 노래, 소설 등의 문화를 통해 5·18민주화운동을 살펴보고자 한다. 80년 광주를 기억하는 탑에 작은 돌을 보탤 수 있기를 바란다.

1) 역사 속의 5·18 - 영화 '화려한 휴가'

영화의 주인공 민우(김상경)는 광주의 택시기사로 어릴적 부모님을 여의고 동생 진우(이준기)와 단둘이 산다. 형은 동생을 아끼는 인물로 동생의 대학교 진학을 위해 부지런히 일을 하며 돈을 모았다. 평범하지만 행복하였던 소시민 민우의 삶은 5월 광주에 온 군인들에 의해 무참히 깨지고 만다. 군인들의 진압과정에서 동생 진우가 총격에 의해 사망한 것이다. 분노한 민우는 시민들의 항쟁에 참여하였다. 영화에서는 무고한 시민들이 무장한 군인들에 의해 무참히 폭행을 당하고 죽음에 이르는 장면이 소개된다. 때문에 무장한 시민들의 저항이 자연스러운 반응으로 여겨지게 한다. 영화는 부당한 권력에 저항하는 주권자의 저항권을 생생하게 보여주었다는 점에서 높은 평가를 받는다.

국가의 폭력과 그에 대한 시민들의 저항이라는 구도는 5·18민주화운동을 효과적으로 알리는데 유효하였다. 때문에 영화 역시 680만 명이 넘는 관객을 극장으로 끌어들이며 흥행하였다. 하지만 폭력과 저항의 구도로만 5·18민주화운동을 전부 설명할 수 있을까? 80년 5월 광주의 시민들이 요구는 무엇이었을까?

1972년 박정희 정권은 유신헌법을 발표해 영구적인 독재체제를 구축하였다. 오랜 독재는 1979년 부·마 항쟁과 같은 대규모 저항을 불러왔다. 결국 독재정권은 김재규의 저격으로 박정희가 사망함으로써 스스로 붕괴되었다. 하지만 전두환의 주도로 쿠데타가 일어났고 박정희 정권 하에 성장한 군인 세력들은 권력을 이어나갔다.

한편 국민 대다수는 박정희 사망 이후 독재정권이 끝나고 민주화가 이루어질 것이라는 희망에 가득 차 있었다. 특히 대학가는 5월 10일 '비상계엄 즉각 해제', '전두환 등 유신잔당' 퇴진 성명서를 발표하며 민주화를 강력히 주장하였다. 같은 달 14~15일에는 27개 대학 학생대표가 10만 명의 학생들을 이끌고 시위를 전개하였고 각 지방에서도 대학을 중심으로 시위가 전개되었다.

당시 전남대에서도 '병영 집체훈련 거부', '어용교수 문제제기' 등 학원 민주화운동을 전개하고 있었다. 학생회장이었던 박관현은 5월 8일부터 1주일간 민족민주화성회를 개최한다고 선포하였고 이후 1주 일간 학내 시위가 계속되었다. 16일에는 광주 시내 9개 대학 학생 3만 명이 전남도청 앞 광장에 모여 시국성토대회를 열었다. 학생들은 횃불시위를 전개하며 유신독재를 비판하고 신군부의 계엄철폐를 주장하였다.

1980년 5월 16일 민족민주대성회

신군부는 5월 17일 비상계엄을 전국으로 확대하며 모든 학교의 휴교를 지시하고 주요 인사들을 예비검속이라는 이름으로 연행하였다. 전남대에도 군인들이 들어섰고 이에 항의하는 학생들을 무자비하게 진압하면서 광주에서의 학살을 시작하였다.

당시 계엄군은 전국의 주요도시에 진출하였지만 계엄군에 맞서 저항한 곳은 오직 광주뿐이었다. 이처럼 1980년 광주에서의 항쟁은 한국사의 전개과정에서 오랜 기간 지속되어온 군사독재를 또 다시 연장하려 한 신군부에 저항하였던 역사적 흐름의 일환이었다.

2) 남겨진 숙제 - 소설 '소년이 온다'

소설 속 주인공 동호는 친구 정대와 80년 광주의 시위에 참여하였다. 군인들은 시위대를 향해 총격을 가하였고 혼란 속에 헤어진 정대는 총격에 의해 사망하였다. 정대의 죽음에 죄책감을 느낀 동호는 합동분향소가 있는 상무관에 갔고, 그 곳에서 정대와 비슷한 죽음을 당한 시신들을 보게 된다. 이후 동호는 가족의 만류에도 불구하고 도청에 남아 계엄군에 맞서다 사망하였다.

> "군인들이 압도적으로 강하다는 걸 모르지 않았습니다. 다만 이상한 건, 그들의 힘만큼이나 강렬한 무엇인가가 나를 압도하고 있었다는 겁니다. 양심. 그래요, 양심. 세상에서 제일 무서운 게 그겁니다."

소설은 고통 속에 살아남는 인물 은숙, 고통을 벗어 나기 위해 죽음을 택한 진수 등의 인물을 통해 살아남은 사람들의 고통을 치밀하게 묘사하였다.

> '나는 싸우고 있습니다. 날마다 혼자서 싸웁니다. 살아남았다는. 아직도 살아있다는 치욕과 싸웁니다. 내가 인간이라는 사실과 싸웁니다. 오직 죽음만이 벗어날 유일한 길이란 생각과 싸웁니다.'

실제 역사에서는 어떠했을까? 마지막까지 도청에 남아있던 시민군 약 300명 중 60명가량이 어린 학생이거나 군 경험이 없는 청년이었다. 10여명의 여학생도 있었다. 시민군들은 도청뿐만 아니라 전일빌딩, YWCA건물, 수협 전남지부 건물 등지에서 끝까지 저항을 하였다. 항쟁에 참여한 사람들은 계엄군을 물리칠 수 있었다고 생각하였을까? 아무런 저항 없이 계엄군이 도청을 점령했다면 어떠하였을까? "*오늘은 진다해도 영원히 패배하지는 않을 겁니다.*" 시민군의 대변이었던 윤상원의 발언을 되새기게 된다.

도청이 진압되는 동안 당시 송원전문대 학생이었던 박영순은 시내 전 지역에 계엄군의 진압사항을 알리는 방송을 하였다. "*우리는 광주를 사수할 것입니다. 우리는 최후까지 싸울 것입니다. 우리를 잊지 말아주십시오.*" 살아남은 자들의 심정을 어떠하였을까?

박관현의 삶은 살아 남은자의 고통을 잘 보여준다. 박관현은 5월 16일까지 전남대 학생회장으로써 민주화운동을 이끌었던 지도부였다. 그는 5월 17일 계엄령이 선포되면서 신군부의 학생지도부 검거가 시작되자 동지들과 피신을 하였다. 그는 도피 중에 광주에서 군인들의 학살에 의해 수많은 동지들이 희생되는 것을 지켜만 봐야 했다.

"나는 숨어서 사는 놈"이라며 자책감에 살던 그는 1년 후 검거되었다. 이후 수감 중 "5·18 진상규명, 재소자 처우 개선"을 주장하며 단식투쟁 끝에 사망하였다.

광주의 진실은 광주시민 뿐만 아니라 동시대를 살아가는 사람들에게 일종의 채무감을 주었고, 그 채무감은 민주화운동의 동력으로 작용하게 되었다. 1980년 이후 각지에서 열린 5·18 영상회와 사진전은 시민들에게 전두환 정권의 폭력성을 알려 분노와 참여를 이끌었다. 서울대생 조성만은 1988년 '광주학살 진상 규명'을 외치며 명동성당에서 투신 사망하였다. 단국대에 다니던 최덕수와 숭실대생 박래전 역시 광주의 진실을 요구하며 분신하였다.

윤상언의 발언대로 5월 광주의 항쟁의 '진다해도 영원히 패배하지 않은 것'이 되었다.

3) 현재 우리의 이야기 5·18 – 영화 '스카우트', '꽃잎'

영화는 5·18당시 계엄군의 총격에 어머니를 잃은 한 소녀(이정현)의 이야기를 다룬다. 소녀는 쏟아지는 총격 속에서 어머니가 총에 맞아 쓰러지자 겁에 질린 나머지 어머니의 손을 뿌리치고 도망친다. 이후 소녀는 어머니에 대한 죄책감으로 인해 정신에 이상이 생기고 자신의 삶을 제대로 살지 못하게 된다. 어머니의 무덤 앞에서 당시의 트라우마를 떠올리며 오열하는 장면은 광주시민들이 겪었을 정신적 고통을 가장 잘 표현했다는 평가를 받고 있다.

실제 80년 광주의 기억은 피해자들에게 극심한 정신적 트라우마를 안겼다. 2013년 광주트라우마 센터가 발간한 자료에 따르면 5·18 민주화운동 관련자 55.8%가 외상 후 스트레스 장애를 겪는 것으로 나타났다. 또 부상 후유증으로 사망한 306명 중 자살로 생을 마감한 경우가 10.4%라고 한다. 참전한 병사의 트라우마율이 15%정도라고 하니 광주 시민들은 전쟁보다 더 큰 충격을 받았던 셈이다. 40년 가까이 제대로 된 사과는 커녕 '광주 5·18유공자들은 괴물집단이다', '5·18은 북한군의 소행이다'와 같은 망언을 지속적으로 들어왔으니 피해자들은 자신의 정신적 아픔을 제대로 치유 할 수 없었다.

1980년 5월 20일 집에 귀가하던 중 계엄군에 의해 구타당한 22살 김모씨는 충격으로 정신이상이 생겨 50대가 된 현재까지 정신병원을 옮겨 다니며 살고 있다. 정신에 이상이 생긴 김모씨는 86년에 자신을 훈계하는 아버지를 라디오로 때려 사망케 하였다. 당시 43살의 페인트공이었던 박모씨는 다짜고짜 계엄군에 끌려가 폭행을 당하였고 이후 수치심과 후유증으로 무기력하게 삶을 살다 가정까지 파괴되었다.

피해자들은 물론 가족들의 2차 피해까지 발생하였다. 5·18당시의 트라우마로 인해 피해자가 가족들을 괴롭히다 보니 그 가족이 피해자를 살해하는 사건이 일어나기도 하였다. 80년 광주의 고통은 지금도 지속되고 있다.

자신의 아픔을 제대로 말할 수조차 없었던 사람들도 있다. 2018년 '5·18계엄군 등 성폭력 공동조사단'의 발표에 따르면 17건의 성폭력 피해가 있었다고 한다. 5·18당시 성폭력 피해는 2018년에야 첫 조사가 시작된 만큼 추가적인 피해가 더 있을 것으로 보인다. 정부 조사에 따르면 피해자는 10대에서 30대의 어린학생과 젊은 여성들이었고, 심지어 시위에 참여하지 않은 여학생, 임산부도 성추행 등을 당했다.

> "가족 그 누구한테도 말할 수 없었어요." "나는 스무 살 그 꽃다운 나이에 인생이 멈춰버렸어요"

총으로 위협당하는 상황 속에서 다수의 군인들에 의해 피해를 입은 이들은 정확한 진상규명 조차 하지 못한 채 아픔 숨기며 살아왔다.

80년 광주의 기억을 가진 사람들의 숫자는 점차 줄어드는 반면 교과서를 통해서 5·18을 역사 속 사건의 한 줄로 기억하는 사람들은 늘어나고 있다. 하지만 5·18을 단순한 역사 속 한 줄의 사건으로 보아서는 안 된다. 현재까지도 피해자들이 살아있으며 트라우마로 함께 아픔을 겪었던 가족들이 우리 사회의 구성원으로 남아 있다. 5·18은 현재 우리의 역사이다.

4) 의도된 논쟁 – 노래 ‘임을 위한 행진곡’

사랑도 명예도 이름도 남김없이 / 한 평생 나가자던 뜨거운 맹세
동지는 간 데 없고 깃발만 나부껴 / 새 날이 올 때 까지 흔들리지 말자

세월은 흘러가도 산천은 안다 / 깨어나서 외치는 뜨거운 함성
앞서서 나가니 산 자여 따르라 / 앞서서 나가니 산 자여 따르라

노래 ‘임을 위한 행진곡’의 가사이다. 문재인 대통령은 2017년 광주민주화운동 기념식에서 이 노래를 ‘오월의 피와 혼이 응축된 상징이자 5·18민주화운동의 상징 그 자체’라고 하였다. 이 노래는 민중운동이나 노동운동의 행사 때에 빠지지 않는 제창곡이며 축구팀 광주 FC의 응원곡이기도 하다. 지금도 옛 광주도청 앞에 있는 시계탑에는 매일 오후 5시 18분이면 이 곡이 흘러나온다. 이처럼 ‘임을 위한 행진곡’은 5·18민주화운동, 더 나아가 민주주의를 상징하는 곡으로 인식되어 왔다. 노래에는 어떠한 사연이 담겨 있을까?

‘임을 위한 행진곡’은 1979년 80년 광주에서 사망한 시민군 대변인 윤상원과 들불야학을 만들고 노동운동에 투신하다 78년에 사망한 박기순의 영혼결혼식을 위해 만들어졌다. 들불야학의 명칭은 박기순이 ‘들불처럼 번져가는 동학혁명의 뜻을 기리자’는 의미로 제안한 것이다. 이후 들불야학은 5·18민주화운동 과정 동안 주요 언론사들

의 왜곡 보도에 맞서 '투사회보'를 제작해 광주의 상황을 알렸고 많은 투사들을 배출하였다. 노래는 백기완의 시 묏비나리를 소설가 황석영이 다듬어 가사로 만들었으며 김종률이 작곡하였다. 광주와 관련이 깊은 들불야학의 두 인물을 다루었고, 명망 있는 민주진영 인사들이 작사하였기에 노래는 광주를 상징하게 되었다. 때문에 역대 5·18민주화운동 기념식에서는 줄곧 마지막 행사로 참석자들이 다 함께 '임을 위한 행진곡'을 제창하였다.

그런데 2009년부터 보훈처는 '임을 위한 행진곡'을 본 행사 순서에서 제외했다. 대신 2010년에는 잔치에서나 틀만한 방아타령을 집어넣으려 하였다. 반발이 거세자 2011년부터는 본 행사에서는 포함되긴 했지만 다 같이 부르는 '제창'이 아닌, 합창단의 노래공연을 보기만 하도록 하였다. 유족들이 5·18 공식 행사에 참여하지 않을 정도로 반발하였지만 2016년까지 '임을 위한 행진곡' 제창은 금지되었다. 노래가 가진 상징성과 역사성을 생각한다면 있을 수 없는 일이었다. 이유는 '임을 위한 행진곡'이 종북 논란이 있는 곡이라는 것이었다. 노래의 '임'이 바로 김일성을 뜻 한다는 주장을 반영한 것으로 보인다. 종북 논란이 있는 곡이었다면 합창은 왜 허용한 것이었을까? 궁색한 변명은 오히려 제창 금지의 의도만 드러낼 뿐이다.

> "이 노래가 무슨 노래인지 모를까요? 다들 알고 있다고 봅니다. … 이 노래는 민주주의를 열망하는, 민주주의를 위해 죽음까지 무릎 쓴 광주 시민에 대한 사랑의 노래입니다."

'임을 위한 행진곡'을 작곡한 김종률씨의 발언이다. 정말로 사회적 의견이 분분하여 논란이 생긴 것 일까? 아니면 어떠한 의도 하에 없던 논란이 만들어진 것인가? 답은 명확해 보인다.

5) 용서 받지 못한 자 - 영화 '26년', 영화 '밀양'

2012년에 개봉한 영화 '26년'은 강풀작가의 웹툰을 리메이크 한 것이다. 영화 속 등장인물인 조직 중간보스 곽진배(진구), 사격선수 심미진(한혜진), 경찰관 권정혁(임슬옹)은 모두 80년 광주에서 가족을 잃은 사람들이다. 이들은 계엄군 출신으로 죄책감을 가지고 있는 대기업 회장 김갑세(이경영)의 주도 아래 광주 학살의 주범인 '그 사람'의 암살을 시도한다. 영화에서는 '그 사람'을 특정인으로 지칭하지 않았지만 줄거리, 생김새 등을 통해 그가 전두환이라는 것을 알 수 있다. 웹툰과 영화는 모두 많은 사람들의 호응을 얻었다. 전두환에 대한 처벌이 제대로 이루어지지 않았다는 공감대가 있었기 때문이다.

80년 광주에서 학살이 진행될 때 실권자는 전두환이었다. 그의 묵인이나 지시 없이는 광주에서 군인들의 만행은 불가능하였다. 때문에 그는 광주학살에 대한 일부책임으로 내란목적살인죄로 기소되었다. 1997년 4월 다른 여러 죄목과 함께 무기징역을 선고받고 구속되었지만 그해 12월 사면복권 되었다. 8개월 만의 사면을 보고 광주

시민들은 어떤 생각을 하였을까? 사면에 풀려난 그는 '통장에 29만 원 밖에 없다'며 추징금은 완납 하지 않으면서도 호화로운 생활을 이어갔다. 그는 여전히 철통같은 국가의 경호를 받고 있다.

이뿐만이 아니다. 전두환은 여전히 5·18민주화운동에 대한 사과를 거부하며 자신의 역사 왜곡을 멈추지 않고 있다. 회고록에는 80년 광주에 북한군이 침투했다는 케케묵은 주장을 실었다. 또 헬기사격을 증언한 조비오 신부에 대해 '사탄', '거짓말쟁이'로 모욕해 고발을 당하기도 하였다. 그의 부인인 이순자는 전두환을 '민주주의의 아버지'라 칭하여 여러 사람의 공분을 자아냈다.

무엇이 이들을 여전히 당당할 수 있도록 하였을까? 몇 년 전까지 신임 총리가 취임하면 전두환을 찾아가 인사를 드리곤 하였다. 사면을 받았을지언정 쿠데타로 대한민국 근간을 흔들고 무고한 시민들을 핍박한 죄로 법적처벌을 받은 그를 찾아가 무엇을 배우고자 한 것이었을까? 위정자로서 여전히 아픔을 간직하고 살고 있는 피해자의 눈물은 보이지 않았던 것일까? 죄인을 죄인답게 대우하지 않았기 때문에, 역사를 제때 바로잡고 제대로 처벌하지 않았기 때문에 그들은 여전히 당당한 것이다. 전두환을 누가 용서하였는가?

영화 '밀양'의 주인공 신애(전도연)은 모든 것을 잃고 하나 남은 아들을 데리고 고향에 내려왔다. 그러던 어느 날 아들이 박도섭(조영진)에 의해 유괴되어 살해를 당하였다. 신애는 온전할 삶을 살 수 없을 정도로 몸과 마음이 피폐해졌지만 주변의 권유로 종교를 가지게 되었고, 이후 살인자를 만날 용기도 생겼다. 이후 교도소에서 만난 살인자는 신애가 생각하던 모습이 아니었다. 신애가 용서하기도 전에 그는 자신은 이미 하나님에게 용서받았다며 편안한 얼굴을 하고 있었다. 신애는 씁쓸하게 말하였다. "누가 누구를 용서했다는 것인가?" 영화를 보고나면 80년 광주에서 억울한 피해를 받았던 사람들이 떠오른다. 전두환은 누구에게 용서를 받았던가?

6) 벽안의 목격자들 - 영화 '택시운전사', '5·18 힌츠페터 스토리', '1987'

영화 속 주인공 만섭(송강호)은 택시운전사이다. 그는 외국손님을 태우고 광주에 다녀오면 거금을 받을 수 있다는 말에 독일 기자인 피터(토마스 크레취만)을 태우고 광주로 향한다. 그가 광주에 가서 본 장면은 충격적이었다. 80년 5월의 광주는 군인들의 만행이 펼쳐지고 있었기 때문이다. 만섭은 피터를 도와 광주의 처참한 상황을 필름에 담았고 이후 삼엄한 경계를 뚫고 광주를 빠져나왔다. 영화는 기자 힌츠페터와 그를 수행한 기사 김사복의 이야기를 바탕으로 제작되었다.

힌츠페터는 80년 일본 도쿄지국에 근무하던 외국인 기자였다. 그는 몇 차례 한국에 방문하여 취재를 하며 김영삼과 인터뷰를 진행하기도 하였다. 그는 1980년 5월 19일 일본 언론의 보도를 통해 광주에서 시민군과 군대가 대치하고 있다는 소식을 듣자 직감적으로 심상치 않은 사건임을 파악하고 한국에 왔다. 이후 5월 20일 김사복의 택시를 타고 광주에 방문하여 당시의 처참한 상황을 필름에 담았다. 그는 1차 필름을 독일에 보낸 후 또 다시 잠입해 계엄군이 물러나고 시민군이 장악한 광주의 모습을 담아내기도 하였다. 그의 필름을 바탕으로 독일에는 〈기로에 선 한국〉이라는 다큐멘터리가 제작되었고 이는 다시 한국으로 번역되어 들어옴으로써 광주의 실상이 널리 알려지게 되었다.

80년 당시 한국의 언론은 정권의 시녀가 되었다. 5·18민주화운동을 폭동으로 묘사하던 상황에서 광주 시민들은 분노하였고, 광주MBC와 광주KBS를 불태우기도 하였다. 이와 같은 상황 속에서 힌츠페터 외에도 광주의 진실을 알리는데 큰 역할을 한 외국인들이 있었다.

찰스벳츠 헌틸러는 80년 당시 광주기독병원에 근무하고 있었다. 그는 군인들의 만행을 직접 촬영하여 자신의 집에서 인화한 뒤 몰래 미국으로 사진을 보내 광주의 진실을 알렸다. 또 당시 총을 맞는 피해자들의 탄피, 엑스레이 등의 증거를 보관하여 전달하기도 하였다. 그는 자신의 유골 절반을 광주에 묻어달라고 할 만큼 광주를 사랑하였다.

인요한(존린튼)은 80년 당시 연세대학교의 의대생이었다. 그의 집안은 대대로 전남지역에서 의료와 교육을 바탕으로 선교활동을 해왔다. 때문에 그는 광주에서 잔혹한 일이 벌어졌다는 소식을 듣자 주저 없이 광주로 향하였다. 한국어와 영어에 모두 능통하였던 그는 시민군의 통역을 맡아 광주의 실상을 외신기자들에게 알리는 역할을 하였다. 이로 인해 그 또한 외부의 각종 위협에 시달려야만 하였다.

팀 원버그와 윌리엄 에이모스는 광주와 전남에서 활동한 미국의 평화봉사단이었다. 팀 원버그는 80년 당시 전남대 원에서 시신 수습 봉사활동을 하며 참혹한 실상을 목격하였다. 그는 자신이 겪은 경험과 기록을 바탕으로 '광주항쟁: 내부의 시각'이라는 보고서를 하와이 대학 한국학 잡지에 발표하였다. 윌리엄 에이모스는 비슷한 시기 목포에서 활동하면서 5·18을 목격한 동료들의 증언과 기록을 모아 소설 '기쁨의 씨앗'을 발표하였다. 또 다른 봉사단원 이었던 데이비드 돌린저는 시민군의 통역을 맡으며 외신기자들에게 진실을 알리기 위해 노력하였다.

최근 광주와 함께 호흡하였던 벽안의 이방인들이 다시 한 번 세상에 목소리를 드러냈다. 바로 5·18민주화운동에 대한 몇몇 국회의원들의 망언 때문이다. 마사 헌틀러(찰스벳츠 헌틀러씨 부인)와 헬기 사격의 증거를 촬영하였던 아놀드 피터슨 목사의 부인 바바라 피턴슨이 공동명의로 국회의장에 서한을 보냈다. 이들은 5·18민주화운동이 북한군의 소행이라는 터무니없는 주장에 이렇게 답하고 있다. "저희는 증인이었고 저희 눈으로 보고 경험한 것을 기록했습니다. 그들의 주장은 명백한 허위입니다" 광주의 진실을 알리기 위해 아직도 이들의 목소리가 필요한 상황에 씁쓸함이 느껴진다. 더 이상 광주의 진실을 알리기 위해 희생한 그들의 노력을 헛되게 하지 말자.

7) 평범한 악마 - 영화 '박하사탕'

영화 박하사탕의 주인공 김영호(설경구)는 1979년 야학에 다니며 만난 순임(김여진)에게 사랑의 감정을 느낀다. 둘은 서로 호감을 확인하며 행복해했고 순임이 건네준 박하사탕의 맛은 행복함으로 기억되었다. 이후 영호는 80년 광주의 진압군으로 투입된다. 그는 진압과정에서 실수로 고등학생을 사살하였다. 죽은 고등학생의 모습에서 순임이 오버랩 된 영호는 정신적 충격을 받게 되었다. 이와 같은 경험 때문인지 그는 이후 내면의 폭력성을 거부하지 않고 고문을 행하는 형사로 지낸다. 또 다시 찾아온 순임을 거부하고 사랑하지 않는 여자와 결혼을 한다. 영호의 삶은 점차 파괴되어갔다. 이혼으로 가정을 파탄 났으며 IMF로 사업마저 실패하며 모든 것을 잃게 된다. 그는 결국 철길에 올라가 다가오는 기차에 몸을 던지며 소리를 질렀다. "나 다시 돌아갈래!" 영화는 광주에서의 폭력이 광주 시민뿐만 아니라 계엄군에 참여하였던 사람들에게도 상처를 안겼음을 잘 보여주고 있다.

> "가고 싶어 간 것도 아니고 상부 명령에 의해 따랐을 뿐이다. 부하들은 명령을 거부하기 어려웠을 것이다. 이미 저 세상 사람이 되어 이렇게 누워 있는데 어디 가서 하소연할 건가. 그 유가족들의 한을 누가 풀어

줄 것인가" "또 살아남은 부하들은 죄인 아닌 죄인이 되어 정신적 고통과 후유증을 겪고 있는 것이 안타깝고 서글프다"

당시 공수부대 지휘관이었던 모 중령의 인터뷰 내용이다. 계엄군들 역시 비정상적인 군사정권 시대의 또 다른 피해자라 할 수 있다.

그렇다고 계엄군들이 자행한 폭력을 정당화시켜줄 수는 없다. 명령에 의해 총을 쐈을 뿐이니 아무런 죄가 없다는 논리는 수많은 유대인을 사지로 몰아넣고도 국가의 명령에 따랐을 뿐이라고 주장한 독일군 중령 아이히만의 주장과 매우 유사하다. '악의 평범성'을 보여준 계엄군들의 만행은 철저히 반성되어야만 한다. 그런 후에야 상황에 대한 정상참작이 이루어질 수 있다. 하지만 반성은 제대로 이루어지고 있지 않다. 최영신, 이경남 등의 몇몇 용기 있는 증언자들 이외에는 당시의 상황을 철저히 숨기며 일상을 살아가고 있다. 영화 '박하사탕'의 주인공처럼 자신의 삶을 파괴하며 살고 있지는 않을까?

안병하는 5·18민주화운동 당시 전라남도 경찰국장이었다. 그는 시민들에게 발포하는 것을 금지하며 희생자가 나오지 않도록 노력하였다. 신군부는 그의 미온한 대응을 질타하였고 결국 그는 보안사에 끌려서 모진 고문을 당한 후 경찰국장에 사직서를 제출해야 했다. 이후 고문후유증에 시달리다 생을 마감하였다. 그는 2005년에야 국립현충원에 안장될 수 있었다. 5·18당시 계엄군에 참여하였던 인물 중 73명이 국가유공자로 등록이 되어있으며 사망자 30명은 국립현충원에 안장되어 있다고 한다. 안병하와 계엄군은 함께 현충원에 안장되어있다.

우리는 역사에서 무엇을 배울 수 있을까? 부당한 명령에 저항한 영웅의 삶에서는 미래의 또 다른 비극을 막을 희망을 배울 수 있다. 그렇다면 부당한 명령에 순응한 사람들의 삶에서는 무엇을 배울 수 있을까? 상황논리를 내세우며 순응하는 삶을 배우게 되지는 않을까?

지금 광주에게 5·18은 무엇일까?

> **비상계엄 선포문**
>
> 시위대의 무장 및 폭동, 강력 범죄 확산 등 사회질서가 극도로 교란됨에 따라 공공의 안녕질서를 회복하여 국민의 생명과 재산을 보호하고 국가의 위기를 종식시켜 헌정 질서를 유지하기 위하여 다음과 같이 전국 비상계엄을 선포한다.

위 인용문은 5·18민주화운동 당시 신군부가 발표한 것이 아니다. 놀랍게도 2017년 3월 기무사가 기획한 계엄령 관련 문서에 포함되어 있던 '비상계엄 선포문'의 일부이다. 그들은 정권을 비판하는 시민들의 움직임이 있을 때 마다 계엄령 선포 카드를 만지작거리고 있었다. 2016년 겨울부터 연인원 1,000만 명이 넘는 시민들이 상식을 부르짖으며 촛불을 들고 부당한 권력행사에 맞섰다. 그 결과 박근혜 대통령은 민주적 절차에 의해 탄핵되었고 이 모든 과정은 주권행사의 모범적인 사례로 세계인들로부터 찬사를 받았다.

그런데 기무사의 시각은 달랐다. 정당한 주권 행사를 하는 시민들을 '종북'으로 낙인찍고 진압되어야 할 대상으로 규정하였다. 2019년의 기무사 문건에서 39년 전의 군부의 모습이 아른거려 쓴 웃음이

지어진다. 어쩌면 지금도 또 다시 군부독재가 들어서는 세상을 고대하는 사람들이 있는 것은 아닐까? 5·18민주화운동은 북한군의 소행이라는 주장을 앵무새처럼 반복하는 사람들을 생각해보면 이러한 의심은 더욱 깊어진다.

5·18을 기억하는 것은 폭력의 시대를 그리워하는 자들의 욕망에 맞선 기억에 대한 투쟁이다. 때문에 우리는 끊임없이 5·18민주화운동을 이야기해야 한다. 그렇지만 투쟁의 방식은 그들보다 더욱 세련되어야 한다. 폭력적인 방식에서 벗어나 5·18민주화운동을 끊임없이 일상생활이나 예술적 가치에 승화시켜나가야 한다. 우리 안에 감성으로 자리 잡을 때야 비로소 어떠한 경우에도 흔들리지 않을 수 있기 때문이다.

5·18민주화운동을 기억하는 방식은 점차 진화하고 있다. 매해 80년 5월을 다룬 영화와 소설, 연극 등 예술 작품이 쏟아져 나온다. 엄중하고 무겁게 다루던 기존의 방식에서 이제는 개개인의 삶에 공감하며 나 자신을 돌아볼 수 있게 하는 작품들이 만들어지고 있다. 우리는 5·18민주화운동이 역사교과서 속의 한 사건이 아니라 나와 같은 감성을 가진 인간의 이야기임을 점차 인식하게 되었다. 또 다양한 각도에서 80년 광주의 모습을 바라 볼 수 있게 되었다.

5·18정신의 계승 작업도 활발하게 진행되고 있다. 매년 5월이면 광주에서 청소년들의 다양한 사회참여활동을 바탕으로 이야기를 나누는 민주주의 축제 '5·18 레드페스타'가 열린다. 청소년들은 축제를 통해 자신이 사회의 주인임을 자연스럽게 배운다. 또 광주 인권상 선정을 통해 현재 우리가 사는 사회에서 인권과 통일, 인류의 평화를 위해 공헌한 사람들을 응원한다. 광주 아시아포럼이나 5·18국제연대

사업을 통해 80년 광주와 비슷한 아픔을 겪고 있는 다른 나라사람들을 응원하기도 한다. 광주광역시는 지방자치단체 차원에서 인권도시를 표방하며 비정규직 문제, 노인의 건강권, 장애인의 생활권, 환경권, 교육권 등 생활 전반의 지표를 점검하며 개선하려는 노력을 기울이고 있다.

우리가 기억의 투쟁에 참여하는 방법은 어렵지 않다. 다양한 예술작품에 관심을 가지며 그들의 이야기에 귀를 기울여 주는 것이다. 아니면 청소년들의 축제에 참여하여 청소년의 주인의식을 격려해주는 것도 좋겠다. 주변 사람들의 생활에 관심을 기울이고 인권을 위해 힘쓰는 사람들을 향해 박수 한 번 쳐주는 것도 의미가 있다. 5·18 민주화운동을 왜곡하고자 하는 욕망이 소리 없이 사라질 수 있도록 '우리안의 5·18'을 만들어 가보자.

광주의 야구, 야구의 광주

윤순상
전남대 사학과 3

들어가는 말

1988년 3월 1일 대한민국 광주광역시 출생, 광주학강초－광주동성중－광주동성고 졸업, 광주에서 나고 자란 남자, 2007년 드래프트 1순위, 183cm 91kg, 좌투좌타, 현 기아타이거즈 소속, 2017년 한국프로야구 MVP, 2017년 한국프로야구 골든글러브 투수 부문, 2017년 한국시리즈 MVP, 2017년 한국프로야구 다승왕, 2015년 한국프로야구 최우수 평균자책점, 2010년 한국프로야구 페어플레이상, 2014, 2017년 최동원 상 수상. 현 대한민국 대투수, 무등산 폭격기를 잇는 등 뒤에는 언제나 무등산이 있는 남자 양현종을 아시나요?

양현종은 타이거즈의 10번째 11번째 우승을 함께 한 명실상부한 기아타이거즈의 에이스이다. 평균 140km 초중반, 최고 153km까지

찍히는 빠른 공으로 야구를 풀어가는 강속구 투수이다. 그가 인터뷰에서 밝혔듯이 그의 목표는 마운드에서 강한 공을 던지는 것이다. 그래서인지 컨디션이 좋을수록, 볼카운트가 유리할수록 빠른 공 구사 비율이 상당히 높다. 그에 비해 변화구를 많이 던지는 날은 빠른공 컨트롤이 좋지 않거나 빠른공 구위가 타자의 배트를 이겨내지 못하는 날이다. 대부분의 투수들은 유리한 카운트를 잡기위해 빠른공을 쓰고 변화구로 승부를 보는 것을 선호한다. 그러나 양현종은 특이하게 자신의 직구를 결정구로 사용한다. 사실 자신이 가장 자신있어하는 무기를 결정구로 사용하는 것이 정답이다.

프로 초창기엔 전형적인 제구력이 좋지 않은 강속구 투수였다. 제구는 2015 시즌부터 부활 및 발전하여 지금은 볼질(볼을 많이 던지는 행위)하는 투수라고 볼 수가 없다. 아마추어 시절엔 제구가 좋은 투수였지만 프로에 와서 구속을 높이는 과정에서 제구가 나빠졌다고 한다. 그의 제구력을 엿볼 수 있는 대목은 우타자 몸 쪽에 패스트볼을 붙이면서도 사구를 허용하지 않는 것이다. 또한 변화구도 잘 구사하기 때문에 지금의 모습까지 올 수 있었을 것이다. 현재 20대에게 타이거즈를 대표하는 선수를 묻는다면 대부분이 양현종이라고 대답할 것이다. 그만큼 그는 현재 타이거즈와 한국을 대표하는 야구선수이다. 그렇다면 양현종 이전에는 타이거즈를 대표하는 선수는 누가 있었을까?

타이거즈를 대표하는 선수가 누구냐고 물었을 때 20대는 양현종이라 한다면 30대 40대 50대는 어떤 선수를 언급할까 아마도 이종범, 선동열 일 것이다. 이 선수들에 대해 알아보기 전에 간략하게 프로야구에 대해 설명하기 위해 프로야구가 출범했던 해로 돌아가 보도록 하자. 때는 바야흐로 1982년 3월 전두환 정권은 광주민주화운동이 발생 후 국민들의 정치적 관심을 돌리기 위해 3S 정책의 일환으로 프로야구를 출범한다. 이렇게 정치적인 의도로 출범한 프로야구는 여러 가지 갈등을 겪게 된다.

대표적으로 라이벌의식과 지역감정 때문에 일어난 '해태타이거즈 선수단 버스 방화사건'이 있다. 이 사건은 1986년 한국시리즈 당시 3차전 삼성이 역전패 당하자 경기를 보던 관중 2000여명이 해태 구단버스를 에워싸고 유리창을 깨고 불을 지른 사건이다. 방화 직후 소방차가 출동했으나 바리게이트까지 친 과격 팬들 때문에 접근조차 하지 못했고 버스는 전소되었다. 당시 해태타이거즈 선수들은 1시간 동안 경기장 관리실에 갇혀 있었고 경찰이 내준 버스로 호텔로 돌아가게 되었다. 그리고 전소된 버스는 삼성라이온즈에서 배상해주기로 합의를 봤다.

이러한 라이벌의식과 지역감정이 극에 치닫기 시작하면서 프로야구 출범 후 지역 간의 갈등은 심해졌고 지역끼리의 결속력은 올라갔다. 그리고 연고지에 있는 팀을 중심으로 뭉치기 시작하였다. 서울에는 OB와 LG, 대전에는 한화, 인천에는 SK, 부산에는 롯데, 대구에는 삼성, 광주에는 해태 이렇게 뭉치게 되었다. 여기서 우리는 광주에 연고를 두고 있는 해태타이거즈와 앞서 언급했던 선동열, 이종범과 같은 대표선수들에 대해서 알아보도록 하자.

Chapter 1 – 해태타이거즈

'해태타이거즈' 이름에서 알 수 있듯이 국내 기업인 해태에서 창단한 팀이다. 당시 팀 명칭을 광주연고인 금호로 하려 했으나 실패하자 오너가 호남연고 출신인 해태로 하게 되었다. 해태타이거즈는 개성이 강한 팀이었다. 창단 당시 감독 '김동엽'만 보아도 어느 정도 알 수 있다. '김동엽' 감독은 빨간 장갑을 항상 끼고 당당하게 소리치며 그라운드를 누비던 인물이었다. 그의 빨간 장갑만 보아도 그의 특이함을 알 수 있다. 그와 관련된 대표적인 에피소드는 주간 경기 때면 그라운드로 나와 더운 날 돈 내고 야구 보는 팬들에게 재미를 주기 위해 특유의 빨간 장갑의 현란한 손짓으로 심판에게 다가가 삿대질을 하는 사건이다. 사실 대화내용은 "날씨가 왜 이리 좋아?" "안 더워?" "오늘 끝나고 뭐해?" 이런 것이라 별로 의미 없는 내용이었다고 한다. 위에 에피소드만 봐도 그가 얼마나 특이한 인물인지에 대해 생각하게 된다.

엠블럼 변천

또 다른 해태타이거즈의 개성은 김씨 성을 가진 선수들이다. 당시 해태타이거즈에는 김씨 성을 가진 선수가 유독 많았다. 대표적인 예로 1983년 해태 타이거즈를 보면 9명의 타자중에 6명이 김씨이다. 바로 김일권, 김종모, 김봉연, 김준환, 김성한, 김무종 이다. 이 사람들 중에 몇몇은 아마 여러분들이 알 것이다. 과거 타이거즈의 감독을 했고 해설자까지 맡았던 김성한 그리고 콧수염이 인상 깊은 김봉연 그래서 필자는 이 2명의 선수를 제외한 사람들 중 3명에 대해 소개해볼 예정이다.

첫 번째 선수는 김일권이다. 김일권은 1982년 원년 프로야구 때부터 해태에서 뛰다가 태평양, LG로 옮겨가며 활약했다. 잘 치는 것보다 빠른 발을 과시했으며, 이로 인해 도루왕도 통산 5차례 수상했다. 은퇴할 때까지 그의 통산 성적은 10시즌간 842경기 0.253의 타율을 기록했으며 713안타 28홈런 243타점 363도루를 기록했다.[1] 은퇴 이후 1993년부터 95년까지 쌍방울에서 주루코치를 담당했으며 그 이듬해부터 2년간 해태 타이거즈의 주루코치를 맡았다. 98년에는 현대의 주루코치를 맡았다가 2002년부터 2004년까지 삼성에서의 주루코치 생활을 끝으로 현재는 야인(野人) 생활 중이다.

두 번째 선수는 김준환이다. 김준환은 1982년 원년 프로야구 때부터 해태에서 뛰다가 해태에서 은퇴한 선수이다. 그의 통산 성적은 8시즌동안 668경기 0.271의

1 KBO 기록실

타율을 기록했으며 588안타 61홈런 285타점 41도루를 기록했다.[2] 대체로 중심타선에서 해결사 역할을 하는 그런 선수였다. 은퇴 이후 1999년 쌍방울의 감독을 맡았으나 팀이 해체되며 2000년에 SK에서 수석코치를 맡았으며 2001년부터 지금까지 원광대학교 감독을 맡아 활동 중이다.

마지막 선수는 김무종이다. 김무종은 재일 교포로, 한국이 아닌 일본 야마구치현 출생자로, 본명은 김무미이고 일본명은 기모토 시게미이다. 1973년부터 1982년까지 일본 히로시마 도요 카프에서 선수 생활을 했으며 이듬해 해태 타이거즈에 입단, 6시즌간 포수로 활약하며 해태왕조의 초석을 다졌다. 그의 통산 성적은 6시즌간 445경기 0.240의 타율을 기록했으며 326안타 41홈런 192타점 4도루를 기록했다.[3] 은퇴 이후 1992년부터 1993년까지 삼성 라이온즈에서 배터리코치를 맡은 뒤로, 현재는 야인 생활 중이다. 이처럼 앞서 소개한 김씨 야구선수들은 해태타이거즈의 하나의 개성이었고 그것은 사람들의 관심을 끌기 충분했다.

하지만 해태타이거즈의 팬들은 아마도 앞서 말한 개성에 이끌리기보단 그들의 야구 실력에 매료되어 팬이 됐을 것이다. 당시 해태타이거즈는 9번의 우승을 기록한 전무후무한 팀이고 9번의 한국시리즈에서 9번 다 이긴 팀이었다. 당시 빨강, 검정이 유니폼이 공포의 야

2 KBO 기록실

3 KBO 기록실

구단을 상징했다. 공포의 야구단, 당시 최다 우승팀 이들의 우승신화에는 근원은 무엇일까 당시 제일 가난하고 선수층이 얇은 구단의 우승의 비밀은 무엇일까 이에 대해 알아보자.

이글을 읽고 있는 독자들은 고교야구에 대해 들어본 적 있는가? 몇몇 독자들은 고개를 갸우뚱 거릴 수도 있고 또 몇몇 독자들은 대통령배, 청룡기 같은 대회를 떠올릴 것이다. 또 몇몇은 경북고, 경복고, 광주일고 같은 야구 명문 고등학교를 떠올릴 것이고 혹자는 일본의 고시엔[4]을 떠올릴 것이다. 당시의 고교야구는 타이거즈 우승의 비결이었다. 고교야구가 어떻게 우승의 비결이 되었는지에 대해 알아보기 위해 고교야구에 대해 먼저 알아보자.

고교야구는 프로야구선수가 되기를 원하는 한국의 고등학생들이 참가하는 리그이다. 대표적인 대회로는 청룡기 전국고교야구 선수권대회, 황금사자기 전국고교야구대회, 대통령배 전국고교야구대회, 봉황대기 전국고교야구대회, 대한야구협회협회장기 전국고교야구대회, 전국체육대회 야구 고등부가 있다. 이런 고교야구 대회에서 이름을 날리던 고등학교가 호남지방에 있었는데 대표적인 학교가 광주일고, 군산상고이다.

당시 지역연고제가 존재하여 광주일고 그리고 군산상고 출신선수 대다수가 해태타이거즈에 지명되었는데 대표적인 선수로는 이순철, 이종범, 선동열이 있다. 이외에도 당시 해태선수들은 그냥 광주일고, 군산상고, 진흥고 출신이라고 생각하면 편할 것이다. 이렇게 되니 당시 해태선수들은 고교대회에서 전부 한가락 하다 선수들로

4 전국 고등학교 야구 선수권 대회

구성되어 있었고 강팀이 될 수밖에 없었다. 당시 해태를 대표하는 선수, 해태의 레전드라 하면 누가 있을까? 그 선수도 광주일고 혹은 군산상고 출신일까?

무등산 폭격기 선동열

독자들은 타이거즈의 영구결번 선수들 2명 모두 광주일고 출신이라는 사실을 알고 있는가? 그 두 사람은 모두가 예상하듯이 선동열과 이종범이다. 이제 고교야구를 대표하는 스타급 선수에서 타이거즈의 레전드가 된 두 선수에 대해서 알아보도록 하자.

이름 선동열, 1963년 출생, 송정동초–무등중–광주일고–고려대 졸업, 1985년 타이거즈 1차지명, 대한민국의 前 투수, 前 삼성 라이온즈 및 KIA 타이거즈 및 대한민국 야구 국가대표팀 전임 감독이다. 수상경력에는 1986 1989 1990 KBO 리그 MVP, 1986 1989 1990 1991 KBO 리그 다승왕, 1985~1991 1993 KBO 리그 최우수 평균자책점, 1987 1989 1990 1991 KBO 리그 승률왕, 1993 1995 KBO 리그 구원왕이 있다.[5]

이런 그의 현역시절 별명은 고장의 산 이름을 딴 무등산 폭격기, 국보급 투수, 주니치 시절에는 나고야의 태양 그리고 호빵맨이 있다. 당시 팀에 선동열 하나 있으면 우승전력으로 평가받았다. 그만큼 투

5 네이버 선수소개 참고

수계의 한 획을 그은 선수이다. 주요 개인기록은 통산방어율 1.20으로 0점대 방어율만 3차례 기록하였다. 또한 1980~1990년대 최강팀 해태타이거즈에서 에이스로서 6차례 우승에 기여했다. 주요 개인기록도 무시무시한 수준이지만 선동열만이 갖고 있는 자잘한 기록들 역시 무시무시한 수준인데 한 경기 최다 탈삼진(18개), 한 시즌 최다 완봉승(8회), 최다투구이닝 무 피홈런(319이닝), 특정 팀 상대 최다연승(롯데상대 20연승) 등 현역시절 그의 커리어에는 이런 무섭기까지 한 기록들이 잔뜩 쌓여있다.

이처럼 KBO에서 무시무시한 기록을 달성한 선동열은 34살의 나이에 KBO 출신으로는 최초로 해외리그(NPB)에 진출하게 된다. NPB 진출 첫 해는 고전했지만 이후 세이브 1위까지 기록하는 등 리그 최고수준의 마무리로 활약하다 은퇴했다. 선동열의 성공은 이후 이종범, 이상훈, 구대성, 이승엽 등 국내 탑 선수들이 일본에 진출하는 시발점이 되었다.

이후 그는 1999년 은퇴를 하고 2004년 삼성의 수석코치 겸 투수코치로 취임하며 김응용 삼성 감독 아래서 감독 수업을 받았고, 이듬해 2005년 삼성 라이온즈 감독에 취임하여 2010년까지 우승 2회, 2위 1회, 4위 2회, 5위 1회를 기록했다. 일반적인 팀이라면 나쁜 성적은 아니나 감독으로 부임하는 동안 계속되는 성적하락, 주축 선수들에 대한 혹사 논란, 레전드 홀대 등으로 재임기간 동안 많은 팬들의 비판을 받았다. 이후 2012년 선수시절 친정팀인 KIA 타이거즈의 감독으로 영입되었으나 5위 1회, 8위 2회를 기록하며 좋지 못한 성적으로 팀을 암흑기로 이끌었다는 평가를 받았다. 또한 레전드의 은퇴종용, 주축선수들에 대한 혹사 논란 등은 다시 반복되었다. 이렇듯 삼성에서 받던 비판이 다시 KIA에서도 이어지며 결국 불명예스럽게 감독직에서 퇴장하였다.

이처럼 선수시절은 당대 최고이자 역대 최고 그러나 감독 시절 성적은 '스타 플레이어는 명 감독이 되기 어렵다' 말의 대표 주자로서 많은 비판을 받고 있는 그의 현역시절 플레이 스타일에 대해 살펴보자. 기본적으로는 우완 정통파 강속구 투수로 특이하게 허리를 이용해 공을 던지는 타입이다. 허리를 이용한 피칭은 선동열이 독보적 존재로 롱런할 수 있었던 이유 이다. 왜냐하면 허리를 이용해 던지니 다른 투수들보다 어깨를 덜 쓰게 되기 때문이다. 이로 인해 150km대의 당대 역대급 강속구까지 뿌릴 수 있었던 것이다.

선동열이 이런 허리를 이용한 피칭을 구사할 수 있었던 이유는 하체가 좋았기 때문이다. 선동열의 투구 폼은 하체를 이용해 릴리즈 포인트를 최대한 앞으로 끌고 나오는 타입으로, 공을 끌어올려 던지기까지의 과정에서 강한 허리 힘을 이용해 공에 체중을 싣는 형태이다. 또한 릴리즈 포인트가 다른 투수들보다 앞에 있었던 덕분에 타자들이 체감하는 구속은 더 빨랐고, 이 때문에 선동열은 최고의 투수로 군림했다. 하지만 허리를 많이 쓰는 투구 폼으로 혹사를 당하다 보니 특이하게도 선동열은 항상 어깨부상보다는 허리부상을 달고 다니곤 했다. 당대에는 피지컬, 제구력, 주자견제능력, 멘탈과 센스 등등 투수가 갖춰야 할 여러 가지를 다 갖춘 완전체 투수로 평가받았으며 이는 지금도 변하지 않는다.

이로 인해 생겨난 용어가 있는데 바로 '선동열 효과'이다. 최강의 투수로 군림했던 만큼 선동열은 존재 하나만으로 타자들에게 엄청난 위압감을 주는 존재였다. 선동열이 나오는 경기는 대체로 포기하는 분위기였다고 한다. 일례로 빙그레 이글스가 선동열을 상대하게 되었을 때 당시 최고참이던 유승안은 자포자기하면서 "오늘 못 이길게 뻔한데 만약 이걸 이기면 선수단 전원에게 10만원씩 돌리겠다"고 했다. 선동열이 불펜에서 몸을 풀어도 타자들은 선동열 나오기 전에 한 점이라도 더 내기 위해 스윙을 서두르거나 도루를 일찍 시도했고, 번번이 타이밍을 놓쳐 삼진당하거나 견제사당하기 일쑤였다. 이렇게 존재감만으로 상대 타자들을 흐트러뜨린 투수는 선동열 외에는 아직까지 전무후무하다.

해태 김응용 감독은 당시 이를 잘 이용하곤 했으며, 그게 큰 효과를 보인 것이 1988년 한국시리즈 6차전이다. 5회초 해태가 간신히 점수를 내자 김응용 감독은 손가락 부상으로 나갈 수 없던 선동열을 불펜에서 몸을 풀게 했다. 결국 상대팀이었던 빙그레는 1점밖에 못 내고 완패. 언론에서는 이를 두고 부상당한 선동열이 빙그레를 달아나게 했다고 할 정도였다. 이는 마치 죽은 공명이 중달을 쫓아냈다는 이야기와 비슷하다.

아이러니하게도 이 '선동열 효과'는 일본 진출 첫해 선동열의 엄청난 부진에 이유가 되었다. 일본타자들은 선동열이 누군지 모르기 때문에 국내에서처럼 심리적으로 압박을 받지 않았다. 이를 두고 당시 하일성 KBS 해설은 선동열이 안일해졌다고 지적하였다. 선동열 효과 때문에 타자들이 알아서 아웃카운트를 적립하고 선동열을 분석할 엄두조차 못 내는 이런 환경 속에서 항상 최고일 수밖에 없는 선동열은 자연스레 나태해졌고, 이 때문에 일본에 진출해서 부진을 겪은 것이라고 말했다. 또 FA제도가 없던 시절이라 아무리 잘해도 구단이 놓아주지 않으니 해외진출을 위한 체계적인 준비도 할 수 없었다. 이러한 이유들로 데뷔초기 선동열은 부진을 겪지만 결국 1996시즌이 끝나고 3천 구 투구와 폼 수정 등의 강훈련을 통해 비록 한국에서만큼의 위력은 아니었지만 그래도 리그에서 알아주는 마무리로 도약하는 데 성공하고 1999년 프로야구 선수에서 은퇴하게 된다.

바람의 아들 이종범

이처럼 투수에서는 앞서 언급한 선동열이 있다면 타자에는 이종범이 있다. 타이거즈의 또 다른 영구결번 7번, 광주일고 출신, '바람의 아들' 다재다능한 신인에서 베테랑의 품격을 보여주었고 "투수는 선동열, 타자는 이승엽, 야구는 이종범"이란 명언의 주인공에 대해 알아보도록 하자.

이름 이종범 1970년 8월 15일 출생, 서림초－충장중－광주일고－건국대 졸업, 1993년 타이거즈 1차 지명, 前 해태타이거즈 및 기아타이거즈 선수, 前 야구 해설위원 및 한화이글스 코치, 現 LG트윈스 코치이다. 수상기록은 1988년 청룡기 전국고교야구 선수권대회 MVP, 1993 1994 1996 1997 유격수 부문 골든글러브, 2002 2003 외야수 부문 골든글러브, 1994 KBO 리그 MVP, 1993 1997 한국시리즈 MVP, 1994 KBO 리그 타격왕, 1994 KBO 리그 최다 안타왕, 2004 KBO 리그 득점왕, 1994 1996 1997 2003 KBO 리그 도루왕, 1994 KBO 리그 출루율왕이 있다.

이런 그의 현역시절 대표적인 별명은 바람의 아들 그리고 야구천재였다. 바람의 아들이란 별명이 붙게 된 이유는 현역시절 총 4번의 도루왕을 달성했고 KBO 통산 도루 2위이기 때문이다. 그리고 야구천재라는 별명이 생기게 된 이유는 그의 타격실력도 있지만 그가 투수를 제외한 전 포지션을 소화가능하다는 점에서 생기게 되었다. 재밌는 점은 그가 포수로 출전했을 때 삼성의 김재걸의 도루를 막은 것이다. 이러한 부분에서 그의 천재적인 재능을 볼 수 있다. 참고로 일본 프로야구에서도 전 포지션에서 활약한 선수는 딱 2명뿐이다.

이런 야구천재인 그는 1993, 1996, 1997 해태 타이거즈의 우승에 기여했다. 또한 기아 09년 우승에 기여하며 4차례 팀을 우승으로 이끈다. 가장 잘했던 94년 그의 주요 기록을 살펴보면 타율 3할9푼3리, 도루 84개, 득점 113점으로 당시 역대급 타율, 도루, 득점을 기록하였고 97년엔 홈런 역시 30개 도루 60개로 30-30을 기록한 적이 있는 타자이자 유격수로서는 유일하게 MVP까지 수상했던 인물이다.[6] 요즘 식으로 표현하면 5툴 플레이어이지만 그냥 5툴이 아니라 각 툴 하나하나가 당시 KBO 역대 급이었기 때문에 당시 센세이션을 일으켰던 선수였다.

97년 한국시리즈 이후 그는 일본진출을 해서 주니치에 입단하게 된다. 일본에서의 데뷔 후 첫 달은 맹활약을 펼치면서 열도에 충격과 공포를 동시에 선사했다. 당시 일본 야구관에 있어 유격수는 내야수비의 핵으로 타격은 약해도 팀에서 가장 뛰어난 수비수라는 인식이

6 KBO 기록실

주류였다. 그러나 시즌 첫 달 3할을 치면서 주니치팬들에게 관심을 불러일으키는 동시에 수비 쪽에서는 구제불능의 수비력을 선보이면서 유격수는 뛰어난 수비수라는 고정관념을 깨는 공포도 안겨주게 된다. 그럼에도 불구하고 비난의 목소리는 크지 않았다.

그 이유는 첫 번째 주전 유격수 토리고에 유스케가 이미 탈세로 시즌 아웃이라 대체 유격수가 없었기 때문이다. 두 번째 이유는 시즌 초에 보여준 구제불능의 수비력이 본 실력이라고 생각치도 못했기 때문이다. 용병이고 리그가 바뀌었기 때문에 시간이 지나면 적응하면서 수비도 본 실력이 나올 것이라 생각했기 때문이다. 하지만 흔히 말하는 '일본식 분석야구'에 철저히 공략당하면서 약점이 잡히기 시작하고 성적도 떨어지던 와중에 1998년 6월 24일 한신 타이거즈와의 경기에서 상대 투수 가와지리의 몸쪽 공을 무리하게 스윙하려다 공이 오른쪽 팔꿈치에 맞으면서 골절상을 입게 된다. 그 이후로 다시는 전성기의 모습을 보여주지 못했다.

이런 그는 2001년에 주니치와의 상호합의 하에 퇴단하게 된다. 이후 기아타이거즈로 복귀해 2002 2003년 골든글러브 수상 등 활약을 펼치지만 2004년 노쇠화로 인한 슬럼프로 부진하게 된다. 하지만 이런 그가 2009년 노장으로서 팀을 이끌며 타이거즈에 없어서는 안될 선수로 다시 부상하게 되고 기아 타이거즈의 10번째 우승을 이끌게 된다. 이후 2011년 결국 은퇴를 하면서 야구선수로서의 삶을 끝내게 된다. 이후 한화 이글스 주루코치, 대한민국 야구 국가대표팀 주루코치, MBC SPORTS+ 야구 해설위원을 지내다 현재 LG트윈스 2군 총괄코치를 맡고 있다. 이종범은 선동열과 다르게 코치생활을 하면서 많은 욕을 먹진 않았지만 해설위원을 하면서 표준어를 잘 구사 못하고 사투리를 쓰고 발음이 새는 등 많은 문제를 보였다. 그는 한 시대를 풍미하던 야구선수였으며 능력 있는 코치이다.

Chapter 2 – 광주출신 메이저리거

광주 최초 메이저리거 컨트롤의 마법사에서 해설가가 되기까지 '서재응'

서재응은 1977년 7월 10일 출생 광주화정초－충장중－광주일고를 졸업하고 1996년 해태 타이거즈의 고졸우선 지명을 받았으나 인하대학교에 입학했다. 1998년에는 인하대학교를 중퇴하고 뉴욕 메츠와 135만 달러에 입단 계약을 맺으며 미국 무대에 진출하게 되었다. 메츠에서 괜찮은 활약을 펼쳤으나 그는 현재 류현진이 있는 LA 다저스로 팀을 옮기게 된다. 하지만 LA 다저스에서 19경기동안 2승만을 거두는 부진한 모습을 보여 현재 최지만이 있는 템바베이 더블 레이스로 트레이드 되고 결국 메이저리그 생활을 마치게 된다.

메이저리그 초기에 그는 150km에 육박하는 빠른공으로 타자를 상대하는 투구를 보여줬다. 하지만 팔꿈치 수술과 국가대표팀 차출 등의 이유로 구속이 감소하자 정확한 제구력으로 타자를 상대하는 투구를 보여줬다. 그러나 메이저리그의 벽은 너무 높았다. 그의 성적은 매년 떨어져 갔고 결국 메이저리그를 포기하고 한국으로 복귀하게 된다. 나중에 밝혀진 사실에 의하면 그의 복귀에 결정적인 원인은 개인적인 가정사였다. 그렇게 2008년 고향 팀인 기아타이거즈로 복귀하게 된다.

그는 당시 암흑기였던 타이거즈의 새로운 희망이었다. 복귀 당시 좋은 모습을 보여줬지만 부상 때문에 시즌을 날려버려서 5승밖에 거두지 못하였다. 복귀 2년차인 2009년 그는 한국시리즈 우승에 일조하여 그의 첫 프로야구 우승을 경험하게 된다. 그 후에 2010년 2012년은 9승을 올리며 준수한 모습을 보여줬다. 컨트롤의 마술사라는 별명이 잘 어울리던 그는 2013년부터 갑작스러운 부진에 빠지게 되고 이로 인해 경기 결장이 잦아지게 된다.

하지만 그는 개인의 부진 속에서도 팀의 사기를 위해 벤치에서라도 분위기를 띄우려 노력을 한다. 이런 상황 때문에 응원단장이라는 별명도 생기게 되었다. 물론 이 별명은 좋지 않은 의미로 생긴 별명이긴 하지만 필자는 개인의 부진 속에서도 팀을 먼저 생각한 서재응의 행동은 매우 대단한 행동이라 생각한다. 이후에 서재응은 결국 은퇴를 선언하게 되고 해설자로 활동하게 된다. 하지만 해설자로서의 행보는 좀... 굳이 언급하지 않겠다.

법규선생 그라운드의 악동 '김병현'

이름 김병현, 1979년 출생 광주수창초-무등중-광주일고 졸업, 성균관대 중퇴 광주일고를 거쳐 성균관대 법학과로 진학했다. 아마추어 시절 한미 대학 국가대표 대항전에서

6⅔이닝동안 15K를 기록하는 호투로 메이저리그 스카우터들의 관심을 받게 되었고 애리조나 다이아몬드백스(D-Backs)의 러브콜을 받아 미국으로 향하게 된다. 이 때 받은 계약금이 무려 225만달러로 2016년 현재까지도 한국 아마추어 야구선수가 메이저리그 구단에 입단하며 받은 계약금중 최고 액수였다. 그 당시 메이저리그 구단에서 김병현을 굉장히 폭발적인 능력을 가진 특급 유망주로 평가했다고 볼 수 있다.

이런 그는 메이저리그, 일본 프로야구, 한국프로야구를 모두 경험한 선수이다. 또한 그는 월드시리즈 우승 또한 경험한 선수이다. 월드시리즈 우승과 관련된 에피소드가 있다. 그건 그가 KBO에 복귀했을 때 일이다. 당시 KBO측에서는 월드시리즈 우승기념 반지 기증을 부탁했는데 김병현은 이를 흔쾌히 수락했다. 하지만 김병현이 우승반지를 보관한 곳을 기억하지 못해 아직까지도 기증을 못하고 있다. 그 외에도 그의 성격을 보여주는 몇 가지 사건이 더 존재한다. 보스턴 시절 홈 관중들에게 야유를 당하자 중지를 들어 올렸던 사건도 있고 출국하는 날 공항에 취재온 기자들에게도 중지를 들어 올린 사건도 있다.

또한 KBO 시절 경기장에서 양치질을 하는 모습을 보여주기도 했고 페이스북 넥센히어로즈 팬 페이지에 게시된 트레이드 소식에 '굿'이라는 댓글을 다는 등 일반인이 이해하기 힘든 행동을 많이 보여주었다. 그와 관련된 에피소드는 많으나 다음 에피소드와 글 전체의 분량을 위해 나머지는 독자들이 스스로 찾길 권한다. 또한 그는 단순히 이상한 야구선수가 아니라 실력이 출중한 실력파 야구선수임을 말하며 다른 선수에 대해 알아보도록 하겠다.

형저메 사건의 주인공 빅초이 '최희섭'

국민타자 이승엽 이 글을 읽는 독자 중 그를 모르는 사람이 과연 있을까 의문이 든다. 과연 국민타자 이승엽에게 말대꾸를 할 수 있는 선수는 몇 명이나 될까? 그 선수 중 한명이 최희섭 이라면 독자들은 믿을 수 있을까…?

이름 최희섭 1979년 출생, 광주송정동초－충장중－광주일고 졸업, 고려대 중퇴. 1999년 아마추어 자유계약으로 메이저리그의 시카고 컵스와 계약, 2002년~2005년 메이저리그에서 활약 하지만 실력차이를 많이 느끼고 한국으로 복귀하게 된다.

그는 2007년 기아로 복귀하게 된다. 하지만 부상으로 52경기 밖에 뛰지 못했으며 이듬해인 2008년에도 역시 부상으로 55경기 밖에 출전하지 못했다. 이로 인해 "먹튀를 했다"며 기아타이거즈 팬들의 주적이 되었다. 그런 그가 절치부심하며 몸만들기와 훈련에 열심히 임하며 2009년을 준비하게 된다. 2009년에 성적을 내지 못하면 은퇴하겠다는 기사가 뜨기도 할 만큼 독심을 품은 것으로 보였다. 그리고 결국 일을 내고 만다. 2009년 그는 타율 0.308, 33홈런, 100타점을 기록하며 팀을 10번째 우승으로 이끌었다. 2009년에 적어도 수비는 확실히 메이저리거급이란 평가를 받았으며, 부진하던 타격도 이전에 비해 일취월장했다.

하지만 그도 부진은 피해갈 수 없었다. 2010년 부진했던 기아타선을 홀로 이끌었지만 힘이 다해서였을까 고질적인 허리문제였을까 그전까지 이뤘던 것들은 모두 꿈이었던 것처럼 그는 길고 긴 슬럼프에 빠지게 된다. 시즌 초만 되면 최희섭의 몸만들기, 등산, 재기 이런 기사가 쏟아져 나왔지만 막상 시즌이 시작하면 드러눕기 일쑤였다. 이와 같은 일들을 몇 년째 반복하다 그는 결국 은퇴를 하게 되었다. 이런 과정에서 별명이 생겼는데 바로 등산가였다. 그는 매 시즌 전 무등산 등산을 했고 진짜 이것만 하다가 시즌이 끝났다.

타이거즈의 애증의 존재이기도 했던 그와 관련된 재밌는 일화가 있다. 바로 이승엽과 관련된 일화 '형저메 사건'이다. 많은 사람들에게 알려져 있는 내용에 대해 말하면 최희섭의 타격연습을 보던 이승엽이 최희섭에게 타격에 대해 이런 저런 조언을 해주자 최희섭이 "형 저 메이저리게에요~"라고 말한 사건이다. 이 사건이 한 기자에 의해 기사에 실리게 되고 최희섭은 대차게 욕을 먹었다. 특히 최희섭이 부진했던 날이면 '형저메'라고 욕먹었다. 자매품으로 형저병(형 저 병살타자에요), 형저홈(형 저 홈런타자에요)이 있다.

하지만 후에 최희섭이 밝힌 사실은 최희섭, 김태균, 이승엽이 내야 펑고 때 최희섭과 김태균이 조용히 공만 받자 이승엽은 "애들아. 소리도 조금 내면서 파이팅 외쳐야지"라고 말하자 최희섭이 "메이저리그에서는 소리 안 내는데요"라고 말했다는 것이다. 그러나 이게 주변에 있던 베테랑 선수들의 귀에 들어가면서 와전됐다는 것이다. 이승엽 또한 해명하길 "당시 희섭이가 메이저리그와 한국의 야구 스타일이 다르다는 의미에서 내게 "미국에서는 이렇게 하지 않았다"고 말한 게 "형! 저 메이저리거에요"라고 와전됐다"고 말했으며 자기도 마음고생이 심했다고 한다. 이것이 형저메 사건의 진실이다. 그리고 형저메 사건은 기사하나가 얼마나 사람을 잡을 수 있는지를 극명하게 보여준 사례이다.

Chapter 3 – 필자가 뽑은 타이거즈 애증의 선수

날지 못하는 나비 '나지완'

이번에는 필자가 뽑은 타이거즈 애증의 선수들에 대해 이야기 해볼 것이다. 첫 번째 선수는 바로 나지완이다. 1985년 출생 서울특별시 강북구 출신, 수유초-신일중-신일고-단국대 졸업. 現 기아타이거즈 소속의 우투우타 지명타자이자 12년 만에 타이거즈 우승을 이끈 한국시리즈 7차전 끝내기 홈런의 주인공이다.

그는 정통파 거포는 아니지만 고질적인 거포 기근에 시달리는 KIA와 최근 우타거포 부족 현상에 시달리는 KBO에 있어 몇 안 되는 우타거포라고 부를 만한 타자이다. 가벼운 스윙으로 맞춘 타구도 홈런이 될 정도로 좋은 파워를 가지고 있다. 매년 두 자릿수의 홈런과 9할 이상의 OPS를 기록해주고 있으며, 선구안도 좋다. 다만 잔부상이 많아 잠재력을 제대로 터뜨리지 못하는 편이다. 이것은 나지완이 군대를 가야함에도 감독들이 군입대를 3년 연속으로 연기를 요청하는 이유가 됐었다.

그의 문제는 외야수임에도 수비가 안 좋다는 것이다. 타구판단,

수비범위, 어깨 모두 합격점을 주기 힘든 점수 or 수준으로 리그 내 주전급 외야수 중에서는 최악의 수비를 자랑한다. 가장 결정적인 것은 타구판단. 최소한 타구판단이 되면 어깨가 약하고 수비 범위가 좁더라도 최악의 경우라도 추가진루를 한 베이스 정도 더 내주는 선에서 억제할 수 있지만 나지완의 경우 타구판단이 안 되어 공을 잃어버려 두세 베이스 이상, 아예 점수를 한 점 더 내줘버리는 경우도 비일비재하다. 애초에 학생시절부터 수비를 못해서 지명타자로 출장했던 선수이니 날아오는 공을 받는 재능이 없다고 요약할 수 있겠다.

하지만 이런 수비실력 와중에 체력 테스트에서 50m를 6초 4km를 16분대에 주파하며 기아 선수단 내에서 상당한 주력과 지구력을 보여주었다. 매번 이미지 때문에 놀림 받지만 나지완의 주력과 체력은 프로야구 선수 평균 상위권을 자랑한다. 펑퍼짐한 몸과 뚱해 보이는 인상 때문에 열심히 안하는 것처럼 보여서 외모지상주의의 피해자일 수도 있다. 물론 그런 순발력을 가지고도 왜 외야 수비를 못하고 1루 수비가 불가능한지는 흠 그냥 수비 부문에 재능이 없다고 봐야 할 것 같다. 재미있게도 기아 타이거즈 감독인 김기태 역시 이미지와는 다르게 현역시절 두 자리 수 도루를 4번이나 하고 100m를 12초 안에 주파하는 생각보다 괜찮은 주력을 가졌지만 수비로는 도저히 세울 수 없는 수준이라 전문 지명타자로만 뛰다시피 했다.

이런 그가 애증의 선수가 된 이유는 바로 기복 때문이다. 물론 기복이 존재해도 어느 정도는 팬들이 이해할 수 있을 것이다. 그러나 이 선수의 기복은 심각하다. 툭하면 삼진, 병살타를 난발하며 타이거즈 팬들의 가슴에 화를 불러일으킨다. 물론 못하는 날이 있으면 잘하는 날도 있을 것이다. 잘하는 날에는 홈런을 치며 팀 타선을 이끌지만 삼진과 병살타를 난발하는 날의 빈도가 훨씬 많다. 최악의 수비력에 믿었던 타격면에서도 부진한 날이면 과연 그가 프로선수이고 중심타선에 칠 자격이 있는지에 대해 의문이 든다. 그런데 왜인지는 모르게 이 선수는 FA 전 시즌만 되면 엄청난 타격감을 뽐낸다. 그리고 여지없이 FA때 대형계약을 따내고 다시 삼진, 병살 모드이다. 이런 모습의 반복이 그를 애증의 선수로 뽑게 만들었다.

만년 유망주 '김주형'

독자들은 만년 유망주라는 말을 들어본 적 있는가? 어느 종목에서나 만년 유망주라는 말은 존재할 것이다. 혹은 '노(老)망주'라고도 표현하기도 한다. 두 번째 애증의 선수는 타이거즈의 대표 노망주 '김주형'이다.

이름 김주형 1985년 출생, 광주학강초－광주동성중－광주동성고 졸업. 2004년 1차 지명으로 기아타이거즈 입단, 現 기아타이거즈 소속 야구선수이다. 해태 타이거즈에서 KIA 타이거즈로 팀 이름이 바뀐 이후 신인 1차 지명에서 주구장창 투수만 지명하던 전통을 벗어나 타자를 1차 지명한 케이스다.

이렇게 기대를 남긴 채 지명을 받았지만 막상 활약을 보면 기대만큼 성장했는지 의문이 드는 선수이다. 데뷔부터 지금까지 1군 주전멤버로 활약한 적은 거의 없고 벤치와 2군만 오간 걸로 보아 유망주의 레벨에서 벗어나진 못한 것 같다. 그렇다면 이런 그를 계속 끌고 가는 이유는 무엇일까 감독의 '동행' 정책 때문일까? 바로 그가 압도적인 피지컬과 타고난 유연성을 지닌 선수이기 때문이다. 그래서 기아에 있던 수많은 코치들은 이 신체 조건을 어떻게든 써먹으려 했다. 그러나 알다시피 2016년 빼고는 타격에서 딱히 유의미한 기록을 남긴 것이 없어서 결국 성장에 실패했다는 결론을 내리게 되었다. 또한 그는 2017년 기준으로 KBO 리그 역대 선수들 중 2000타석 이상 누적 WAR이 뒤에서 1등을 기록했다. 심지어 WAR은 플러스도 아니고 -1.54를 기록하고 있었다. 이렇게 그는 유망주에서 만년유망주 그리고 타이거즈 팬들이 생각하는 애증의 선수가 됐다.

골프스타 혹은 사이버투수? '윤석민'

마지막 선수는 바로 한 시대를 풍미했던 '윤석민'이다. 윤석민은 1986년 경기도 구리시 출생, 구리초-인창중-야탑고 졸업, 2005년 2차 1라운드에 KIA로 지명되어 프로야구 인생을 시작하였다. 전(前)메이저리거, 현(現)기아타이거즈의 투수[7]이다. 2011 투수 부문 골든글러브, 2011 KBO 리그 다승왕, 2008, 2011 KBO 리그 최우수 평균자책점, 2011 KBO 리그 탈삼진왕, 2011 KBO 리그 승률왕, 2011 KBO 페어플레

7 혹은 사이버투수

이상 수상. 2011년 당시의 임팩트는 현재의 누구와도 비교할 수 없을 정도로 엄청났다.

또한 2007년 암울한 기아타선과 수비로 최다패를 기록했을 때 “남들은 나보고 운이 없다고 하지만 나는 정말 행복한 사람입니다. KIA 타이거즈 같은 명문팀에서 1선발로 뛰고 있는 나는 정말 운이 좋은 사람입니다.”라고 말하며 타이거즈에 대한 애정과 헌신을 보여주었다. 이 책으로 야구를 처음 접하거나 기아에 대해 잘 모르는 독자들은 필자에게 이런 선수가 왜 애증의 선수냐고 물어볼 수도 있다. 말 그대로이다. 애증(愛憎), 사랑과 미움 필자는 초등학생 때부터 기아에서 제일 좋아하는 선수가 누구냐는 질문을 받으면 고민하지 않고 ‘윤석민’이라고 말했다. 그렇다 그런 시절이 존재했다. 누군가 이렇게 말하지 않았던가? “좋아했던 만큼 미워지게 된다.”고 그 말의 의미를 새삼 깨닫게 해주는 선수였다.

앞서 언급했듯이 2011년의 윤석민의 임팩트는 대단했다. 2012년은 조금 부진했지만 기대에 못 미친것일 뿐이지 역시 잘했다. 앞서 말했듯이 필자는 윤석민의 팬이다. 정확하게 말하자면 2011년까지 팬이었다. 윤석민의 메이저리그 도전과 실패 거기까지는 좋았다. 하지만 문제는 기아로 복귀한 2015년 윤석민이 역대급 계약[8]을 맺고 2015년은 잘했지만 2016, 2017, 2018년 3시즌을 통째로 날리며 돈값을 못하고 있는 것이다. 더욱 심각한 부분은 2017년 기아가 우승했을 때 윤석민은 1군 출전기록조차 없고 이 시기에 재활에 열심히 임하지 않고 골프를 친다는 소리가 돌았기 때문이다. 이런 소식을 접한

8 90억 규모

타이거즈 팬들과 필자역시 분노했다. 그 다음시즌 2018년은 복귀했지만 최악의 시즌을 보낸다. 마무리로 전환했지만 6.75의 방어율로 불안한 모습을 보여 기아의 뒷문을 지키지 못했다.

그에 대해 자세히 알아보면 그는 여러 가지 구종을 잘 던지는 유형의 선수로 많이 알려져 있는데 이런 이미지가 생긴 건 일단 본인이 구종을 배우는 데 열심이고 실전에서 한 번씩 사용해보긴 하기 때문이다. 일례로 광저우 아시안게임 훈련 중 임태훈에게 포크볼을 전수받기도 했으며, 2011 시즌에는 팀에 영입된 이범호를 통해 일본 투수들의 포크볼 그립을 전해 받아서, 자신만의 포크볼 그립을 만들어 활용해 보기도 했다. 다양한 변화구 때문에 야구를 처음 접하는 팬들은 다양한 구종과 제구력을 앞세운 투수로 오해하기도 한다.

하지만 엄밀히 말하자면 패스트볼-슬라이더 투피치 위주의 파워 피처다. 폼이 좋을 때 주력 구종은 시속 155km 까지 나오는 포심 패스트볼과 복수의 슬라이더이며 간간이 서클 체인지업을 곁들이는 정도다. 커브도 나쁜 편은 아니지만 사용 빈도가 낮다. 사실 윤석민의 패스트볼 제구나 구위는 A급은 아니나 워낙 위력적인 슬라이더가 다른 구종을 커버가 가능한 수준이었다. 하지만 양준혁 등 일부 전문가들은 윤석민의 서클 체인지업을 더 높게 평가하기도 했으며, 실제 2009 WBC 베네수엘라전에서는 오히려 체인지업이 더 위력적인 모습을 보이기도 했다. 그러나 '윤석민은 슬라이더'라는 고정관념을 의식한 탓인지 더 이상 체인지업의 발전은 이루어지지 않았고 이를 MLB에서의 실패의 원인으로 바라보는 이도 상당수 있다. 평균적인 구속과 그에 조금 모자라는 제구와 구위의 패스트볼로는 아무리 위력적인 슬라이더가 있다고 하더라도 피홈런을 허용할 수밖에 없기 때문. 2014시즌 류현진이 자신의 체인지업이 공략당하자 슬라이더와 커브 조합으로 MLB의 타자들을 이겨낸 것과는 사뭇 대조적으로 보이기도 한다. 실제 트리플A 시절 윤석민의 슬라이더는 국내에서의 전성기 시절과는 달리 낙폭이 적은 커터성 슬라이더가 되어버렸고 이러한 구종의 무브먼트 감소는 피홈런 증가라는 결과로 다가왔다.

물론 변화구 위주로 맞춰 잡는 피칭도 가능하긴 하지만, 컨디션이나 구위가 좋지 않을 때의 이야기이며 피칭 내용도 만족스럽게 나오는 일은 많지 않다. 실제로 던지는 구종이 늘어날 경우 윤석민은 오히려 부진했다. 일례로 잘 나갔던 2008 시즌에는 전체적으로 패스트 볼의 비중을 높게 가져갔으나 부진했던 2009, 2010 시즌에는 변화구 구사 비중이 눈에 띄게 높아졌다. 이는 본인의 피지컬 변화에 따른 구종 선택의 변경일 가능성이 높다. 실제 2008 시즌의 윤석민의 투구폼은 어깨상태가 절정인 상체 위주의 부드러운 투구폼에 140km 중후반대를 꾸준히 유지하는 패스트볼 위주의 피칭이었던 반면에 2010 광저우 아시안게임 이후로 하체를 이용한 피칭을 시작하며 강력한 직구와 함께 안정적인 변화구 구사 방법을 터득하기 시작했다.

이 때문에 2011 시즌 초에는 타자들이 아예 패스트 볼은 버리고 변화구에 타격 타이밍을 맞춰서 공략해 들어오곤 했다. 이 시기 구사 비율이 높아진 서클 체인지업의 경우 직구처럼 보이게 오다가 '속도가 느려지면서' 변화를 일으켜 헛스윙을 유도하는 구종이기 때문에 타격 리듬을 변화구 타이밍에 맞추고 있어야 공략이 가능한 공이다.

따라서 패스트 볼 구위가 기본이 되어있어야 타자가 소위 직구 혹은 체인지업 선택지에 속아 넘어가게 되는데, 지나치게 변화구 구사율이 높아지고 패스트 볼 비중이 줄어든 탓에 애초부터 타자들이 변화구에 배팅 타이밍을 맞춘 채 체인지업이 오기만을 기다리면서 족족 얻어맞게 된 것이다. 감독을 포함한 많은 전문가들이 이 점을 지적했고 본인도 이를 인식했는지 패스트 볼과 슬라이더 위주로 피칭 내용을 바꿨고 커리어 하이를 맞았다.

이런 그가 KBO로 복귀 이후 부진했던 이유는 무엇일까? 그것은 바로 직구의 구속과 슬라이더의 날카로움을 잃었기 때문이다. 140km 중후반의 직구를 던지던 그는 복귀이후 직구의 구속이 올라오지 않았다. 이는 지금도 마찬가지이다. 130km 중후반의 좋지 않은 구위의 직구는 그가 예전에 했던 투구를 보여주지 못하는 원인이 되었다. 피홈런의 개수도 증가하고 예전의 위력적인 모습은 사라진 그였다. 슬라이더의 날카로움 또한 사라져서 그는 그의 무기를 모두 잃었다. 이런 그가 예전의 모습을 보여주긴 어렵다고 본다. 하지만 예전의 모습을 보여줄 수는 없어도 예전의 성적을 재현할 수는 있다. 투구 스타일을 바꾸는 것이다. '서재응'처럼 그도 부상이후 줄어든 구속 때문에 컨트롤 위주로 투구하는 투수로 탈바꿈하고 성과를 내면 된다. 현재 기아의 투수코치는 '서재응'이기 때문에 그에게 배워서 컨트롤의 마법사가 된다면 예전의 성적을 재현하는 것도 불가능한 일은 아니라고 본다. 그의 부활을 꿈꾸며 윤석민에 대한 글을 마친다.

글을 마치며

과거 해태 시절과 현재 기아의 달라진 점은 무엇일까? 일단 오늘날의 야구가 갖는 의미가 변했다. 예전에 야구와 야구장은 단순한 스포츠 공간이었다. 하지만 현재 야구장은 문화시설로 변했다. 챔피언스 필드만 봐도 현재 야구장에는 아이들을 위한 놀이시설, 푸드코트, 편의점 등 다양한 시설이 구비되어있고 이로 인해 야구장이 갖는 의미는 운동공간에서 문화적 공간으로 바뀌었다.

이런 공간적 변화로 인해 생긴 것이 관객층의 변화이다. 과거에는 중장년층 중심 관객에서 현재는 남녀노소 불문하고 모두가 야구장에 오기 시작했다. 아마도 야구가 하나의 문화로 자리 잡아 야구장에 즐길 거리가 많아지고 한국야구가 발전했기 때문일 것이다. 또한 이런 모습은 지역경제 발전과 지역산업 활성화에 많이 기여했다.

또 다른 달라진 점은 응원가이다. 해태시절 응원가는 '목포의 눈물'이었다. '목포의 눈물'은 1935년에 발매된 노래로 호남지방을 대표하는 노래이며 나라를 잃은 한을 말하는 노래이다. 또한 1970-1980년대 차별받던 호남사람들의 설움을 달래주었다. 당시 야구장에 가면 '목포의 눈물'을 부르는 관중이 많았는데 어떤 관중은 술에 취해 혀가 꼬인 상태로 부르고 어떤 관중은 삼진을 잡거나 홈런을 치는 모습에 울면서 불렀다. 그러나 현재는 이 노래가 불리지 않는다. 왜냐하면 당시 해태가 재정난을 겪으면서 구단을 팔고 기아가 인수하는 과정 중에 해태의 색채를 지우기 위해 '목포의 눈물' 대신에 '남행열차'를 응원가로 썼기 때문이다. 이 때문에 '남행열차'가 현재 기아타이거즈를 대표하는 응원가가 되었다. 언젠가 '남행열차'를 대신해 다른 응원가가 불리는 그날을 기약하며 글을 마친다.

목포의 눈물과 남행열차

참고문헌

- 홍윤표, 『한국 프로야구 난투사』, 일리, 2015.
- 김지영·하웅용, 「무등산 레전드, 해태타이거스」, 『체육사학회지』 19권 3호, 한국체육사학회, 2014.
- 류방실, 「지역과 문화 감(感) : 지역 나눔이; 역사를 짓는다 -"광주 새 야구장" 건립」, 『지방행정』 62권 718호, 대한지방행정공제회, 2013.
- 김은식, 『기아타이거즈 때문에 산다』, 브레인스토어, 2011.

'광주다움'의 미래, 국립아시아문화전당

윤동현
전남대 사학과 4

1. "광주하면 생각나는 게 무엇인가요?"

제목 그대로 독자들에게 묻는다. 광주하면 어떤 것이 떠오르는가? 많은 사람들이 '5·18'을 가장 먼저 떠올릴 것이다. 그렇다면 '5·18' 이외에는 어떤 것들이 있을까? '의향·예향·미향'의 광주, 그 중에서도 맛의 고장이라고 불릴 정도로 음식이 맛있다고 소문난 곳이 바로 광주다. 하지만 앞의 내용들은 너무 진부하고 오래된 느낌이 든다. 신(新)세대의 눈높이에는 어떤 것들이 있을까? 대표적인 포털 사이트에 '광주 핫플레이스'를 검색해보면 '송정역시장'과 '동명동'이 나온다. 광주 송정역의 바로 앞에 있는 송정역시장은 KTX를 타고 광주를 찾는 사람들에게 가장 각광받는 코스며, 동명동은 예쁜 까페들과 맛집들이 길가에 즐비해 있고 광주의 중심가에서도 걸어서 1분도 채 안 되는 거리에 있다. 이 두 곳이 젊은이들에게 인기가 있다는 말은 아무도 이견이 없을 것이다. 또 '광주 데이트코스'를 검색해보면 '양림역사문화마을'과 '광주발산마을'이 나온다. 예쁜 사진을 찍어 SNS에 올리기 위해 커플들은 배경이 아름다운 곳을 찾는데 이 두 곳은 더 설명할 것도 없다.

그렇다면 이 장소들이 광주를 대표하는 곳이 될 수 있을까? 제목에 있는 질문을 조금 바꿔서 다시 한 번 묻는다. '광주다운 것은 무엇일까?' 이 질문 또한 답하기 쉽지 않다. 광주의 이름만 보자면 광주는 '빛의 도시'다. 하지만 광주가 빛을 상징한다는 것을 느끼게 하는 요소들이 광주에는 많이 없다. 이웃나라 일본에서는 겨울이 되면 밤을 빛으로 수놓는 '일루미네이션(Illumination)'이라는 축제를 하는데 이 축제를 보기 위해 많은 한국인들이 일본으로 놀러 간다. 대한민국에는 빛의 도시 광주가 있지만 빛을 보러 광주에 오는 사람은 없는 반면에 빛과는 전혀 관련이 없는 일본의 도시로 빛을 구경하기 위해(?) 우리나라 관광객들이 많이 찾아간다는 것은 꽤 신기한 일이다. 다른 한편으로 광주는 '민주·인권·평화'의 도시라고 불린다. 광주에서 진행되고 있는 '광주민주인권평화사업'은 5·18의 민주·인권·평화정신을 계승하고 발전시켜 한국 민주주의 발전에 기여하고 5·18의 정신 계승을 통한 국민통합을 이루어내고 5·18민주화운동의 미래지향적 가치 정립을 위한 사업이다.[1] 주요사업으로는 5·18기념재단 사업지원과 5·18관련자 보상사업이 있다. 하지만 광주에는 5·18 말고는 없다. 내가 기억하는 바로는 기껏해야 2011년부터 열려온 '세계인권도시포럼'[2]이라고 하는 국제회의가 있을 뿐 이마저도 알고 있는 사람이 있는지 의문이다.

1 5·18기념재단 홈페이지, http://www.518.org

2 세계인권도시포럼 홈페이지, http://www.whrcf.org/

광주는 위 질문들에 답하기 위해 오랜 시간 수없이 고민해왔다. 광주광역시는 2003년 광주의 8경(景)과 5미(味)를 선정하기 위해 시민 아이디어 공모전을 열었고 다음 여덟 군데의 장소와 다섯 가지 음식을 선정했다.[3]

8경 ① 무등산 사계 ② 5·18광장과 충장로 야경 ③ 사직공원의 해돋이 ④ 월드컵경기장의 달맞이 ⑤ 빙월당과 황룡강 물안개 ⑥ 포충사와 대촌 들녘 ⑦ 잣고개 야경 ⑧ 중외공원 문화산책로

5미 ① 광주 한정식 ② 무등산 보리밥 ③ 광주 김치 ④ 광주 오리탕 ⑤ 송정떡갈비

2019년에는 광주의 대표음식으로 주먹밥을 선정하여 대중화시키기 위해 노력했다. 또한 광주광역시는 광주를 살리기 위한 경제 정책의 일환으로 '광주형 일자리'를 내세우면서 2019년 1월 30일 현대자동차와 합의안을 의결하고 31일 협약식을 가졌다. 2019년 4월 25일에는 동구청 회의실에서 '광주다운 도시재생사업 추진을 위한 혁신전략'이라는 주제로 도시재생 뉴딜 심포지엄을 개최하면서 광주다움의 회복과 삼향이 깃든 도시재생사업을 추진, 풍요로운 광주가 건설되도록 노력하겠다는 다짐을 보여주었다.[4] 시민단체들도 이에 함께

3 광주광역시 홈페이지 - 시정소식 - 문화관광체육실, https://www.gwangju.go.kr/

4 아시아경제, "광주시, 25일 동구와 '광주다운 도시재생 심포지엄' 개최", https://www.news.naver.com/article/277/0004455105

발맞춰 많은 노력을 기울이고 있다. 2019년 3월 금남로 5·18 기록관에서는 '광주다움'을 주제로 광주창업포럼이 열렸다.[5] 광주창조경제혁신센터, K-ICT창업멘토링센터, 광주테크노파크, 광주전남중소기업청, 광주 동구청 창업보육센터 등 청년취업과 창업을 지원하는 기관들이 대거 참여했는데, 사단법인 창업지원네트워크의 하상용 이사장은 '광주다움'이란 결국 광주만의 개성을 찾자는 것인데 광주시민이 가장 사랑하고, 가장 자랑하고, 가장 자주 접하는 것에서 얻을 수 있다고 말했다. 그리고 그것을 얻기 위해서는 광주시민들의 생활양식을 아는 것이 중요하다고 했다.

서두가 길었지만 위 내용은 이 글에서 다루고자 하는 주제에 있어서 매우 중요하다. '이전의 광주'가 갖고 있는 역사와 상징하는 요소가 무엇이고 '앞으로의 광주'가 지향하는 곳이 무엇인지 모른다면 '지금의 광주'가 왜 이와 같은 과정을 겪고 있는지 알 수 없기 때문이다. 지금의 광주는 정책적인 측면에서 두 가지 도시정책을 펼치고 있는데 하나는 '아시아문화중심도시'[6]고 다른 하나는 '유네스코 창의도시'[7]다. '아시아문화중심도시'로써 선정된 것은 2006년이고 '유네스코 창의도시'로 선정된 것은 2014년이다.

특히 이 글을 통해 이야기하고자 하는 것은 '아시아문화중심도시'다. 2005년 제정을 추진하고 2006년 국회에서 통과되어 제정된 '아시아문화중심도시 조성에 관한 특별법'에 의거하여 광주에는 국립아

---

5 광주드림, "창업도 '광주형'을 고민하자", http://www.gjdream.com/v2/news/view.html?news_type=203&uid=494836

6 아시아문화중심도시 홈페이지, http://www.asiaculturecity.com/index.do

7 유네스코 미디어아트 창의도시 광주 플랫폼 홈페이지, http://www.gjmp.kr/

'유네스코 미디어아트 창의도시 광주 플랫폼 홈페이지' 첫 화면이다. 위 화면에서 눈길을 끈 것은 '코믹 메이플스토리' 홀로그램 영상이다. '광주문화재단'이 있는 '빛고을시민문화관' 건물에는 '빛고을아트스페이스'라는 부대시설이 있는데 이곳에 있는 홀로그램극장에서 볼 수 있다. '메이플스토리'는 현재 20대인 청년들의 학창생활을 훔쳐간 한국의 역대 작품이라고 할 수 있으며, 한국에 알려진 일본의 대표 만화인 '원피스'·'나루토'·'블리치'(일명 '원나블')에 유일하게 경쟁력이 있는 작품(?)이라고 할 수 있다. 이 만화를 홀로그램 영상으로 체험할 수 있다고 하니 마음이 싱숭생숭하고 들뜨는 느낌이다. 이 외에도 K-POP 아이돌들의 군무도 볼 수 있다.

시아문화전당(이하 전당)이 세워졌다. 이 건물을 짓는 과정에서 일시적으로 정지된 적도 있었고 지금도 '5·18 구 전남도청 복원 문제'와 같은 논란이 있는 등 끊임없이 지역사회에서 회자되어 왔다. 하지만 '문화중심도시조성위원회'과 '문화중심도시조성추진기획단'이 조직되어 전문가들이 대거 참여하면서 세부적으로 검토를 하고 사업을 진행해 나갔다. 또 시민들과 대토론회도 열어서 의견을 듣는 등 함께 문제를 해결해 나갔다. 마침내 2010년부터는 포럼을 열기 시작하고 축제가 개최되면서 아시아문화중심도시 정책의 포문을 여는, 국립아시아문화전당의 시대가 대개막하였다.

오늘날 전당은 타지에서 광주를 방문하려는 사람들이 여행을 오면 꼭 가봐야 할 장소 중 하나가 되었다. 어느 때나 가도 관광객들이 오다니며 사진을 찍고 있는 모습을 볼 수 있다. 광주에 살고 있는 20대 청년들에게 있어서도 전당은 지나치지 않을 수 없는 장소가 되었다. 광주 시내를 둘러보거나 동명동에 맛있는 음식을 먹으러 가기 위해, 하늘마당에서 돗자리를 깔고 친구와 이야기를 나누기 위해, 5·18 민주광장에서 매일같이 펼쳐지는 휘황찬란한 축제와 행사를 보기 위해 자주 왕래하는 곳이 되었다. 이제 20대 청년들의 관심과 행로가 몰려있는 이곳에 진정한 '광주다움'이 있다고 해도 과언이 아니다. 정책 수립 초기 문화중심도시조성추진기획단에 참여했던 전남대학교 철학과 김양현 교수는 광주에 있는 수많은 문화자원을 발판으로 문화수도 광주를 만들기 위해 전당이 그 중심에 자리를 잡고 광주가 문화로 경제를 창출할 수 있는 원점이자 발판이 될 수 있기를 바랐다. 희망이 넘치고 장래가 밝은 전당을 더 자세히 알아보자.

2. 국립아시아문화전당 소개

■ 국립아시아문화전당전당 5문5답[8]

* 아래 세 질문은 이번 프로젝트에 참여한 학생들이 가장 궁금했던 내용을 정리한 것입니다.

8 참고 신문기사
- 데일리한국, "[국립亞문화전당 개관] ① 문화를 담는 거대한 '빛의 숲'", http://daily.hankooki.com/
- 조선일보, "광주·하버드에서 숨쉰다, 우규승의 '소통 건축'", http://news.chosun.com/

Q. 왜 광주에 지었을까?

A. 노무현 전 대통령의 선거공약

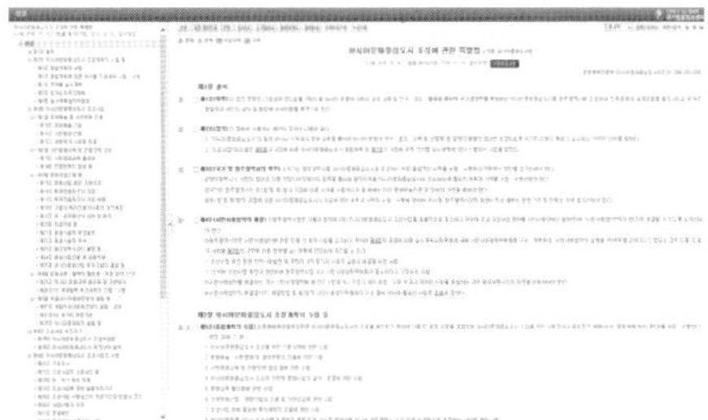

2002년 12월 노무현 대통령 후보는 광주를 문화수도로 육성하겠다는 공약을 발표했다. (출처: 광주MBC 뉴스데스크 2015년 1월 1일) 이후 '아시아문화중심도시 특별법' 제정을 신속하게 추진하며 공약 이행에 대한 의지를 확고히 보여주었다. (출처: 국가법령정보센터)

2002년 12월 당시 새천년민주당의 16대 대선후보였던 노무현 전 대통령은 '광주문화수도 육성'을 선거공약으로 내세웠다. 그리고 2003년 9월, 광주 지역 언론사가 자리한 간담회에서 "나를 대통령으로 만들어 준 호남에 대해 반드시 의리를 지키겠다"라고 말했다. 2005년 12월에는 착공식이 열렸고, 이 날 참석한 노무현 전 대통령은 축사를 전하며 "문화전당의 활성화는 지역 주민들에게 달렸으니 광주가 문화 중심지로 거듭날 수 있도록 힘을 모아줄 것"을 당부했다.

이에 대한 법적 절차는 '아시아문화중심도시 조성에 관한 특별법'을 통해 알 수 있다. 2005년 12월 '아시아문화중심도시 특별법' 제정을 추진했고, 이듬해 8월 국회에서 통과가 되면서 9월 제정되었다. 이후 오늘날까지 계속 개정을 거치고 있으며 개정된 내용과 이유는 '국가법령정보센터'에서 자세히 확인할 수 있다. 광주광역시에서도 '아시아문화중심도시 조성에 관한 조례'를 만들어 시행령에서 위임된 사항과 그 시행에 관하여 필요한 사항을 규정하고 있다.

Q. 왜 구 전남도청 자리에 지었을까?

A. 2004년 3월 문화중심도시조성위원회 발족. 2004년 9월 문화전당 건립예정부지를 '구 전남도청 일원'으로 확정.

2004년 9월 발표된 전당 건립 예정부지 선정안의 주요내용으로는 건립 예정부지로 광주광역시 동구 광산동 13번지 전라남도 도청부지 일원 24,589평(사유지 55.6%, 국가 공유지 44.4%)을 선정하고 선정된 예정부지는 토지세목 조사, 공청회, 관계기관 협의와 도시계획시설사업 결정·고시 등을 거쳐 11월 중에 건립입지로 최종 확정하고 사업인가 절차를 거쳐 2005년도 하반기부터 토지매입에 착수한다는 것이었다. 이 지역은 상징성과 인지성 및 접근편의성 등이 매우 높은 지역으로 8월 건설교통부 중앙도시계획위원회의 심의를 거쳐 확정된 "2020광주도시기본계획"과도 기능적·물리적으로 연계되는 지역이며, 5·18민주화운동의 역사가 응축된 전남도청이 위치한 도심일대가 적합하다는 공론과 광주광역시의 '민주·인권·평화도시 육성 종합계획'과 '도심활성화 종합계획'을 반영한 것이었다.[9]

당시 광주에 있던 전남도청이 전라남도 무안 남악신도시로 이전하였다. 이로 인한 도심 공동화 현상에 대한 우려가 심각하게 제기되

9 광주광역시 소방안전본부 - 시정소식 - 실국소식 - 문화관광체육실 - 새소식, "전당 건립 예정부지 선정", http://fire119.gwangju.go.kr/ (게시일: 2004.09.13.)

면서 이를 상쇄하기 위한 구상의 필요성도 제기되었다.[10] 이러한 상황이 전당 건립 배경을 설명하고 위치를 결정하는데 한몫했을 것이다.

전당을 지은 건축가 우규승은 "기억에 대한 문제가 중요"하다고 말했다. 그는 구 전남도청에 5·18의 역사적 의미가 있다는 점을 고려하여 건물을 보존할 것인지, 문화 산업 시설의 면모를 보여줄 것인지 "과거를 보존하면서도 미래로 연결될 수 있는 여건을 형성하는 것이 관건"이라고 말했다.

2005년 12월 건축가 우규승의 '빛의 숲' 설계 작품 공모에 당선되었다. 우규승은 사람들에게 잊힌 공간이 그들의 기억 속에 다시 자리 잡히기를 바랐다. (출처: 광주MBC 뉴스데스크 2015년 1월 1일)

전당을 세우고 있던 도중 2008년에 작은 혼란이 있었다. 5·18민주화운동의 성지(聖地)인 전남도청 별관을 허물면서 만들 수는 없다는 현지 시민사회의 극렬한 반대에 부딪혀 공사가 중단된 것이다. 2년간 이어진 힘겨루기 끝에 '별관 일부 보존, 일부 철거'란 타협점을 찾으며 공사는 재개됐다.

10 박혜자, 『문화정책 문화행정』, 흔들의자, 2018, 267쪽.

Q. 왜 지하에 지었을까?

A. "광주 민주항쟁이라는 아픈 역사를 가장 낮은 자세에서 기억하자는 의도에서 설계"[11]

위 답변은 '에스콰이어코리아(EsquireKorea)'와의 인터뷰에서 전당을 설계한 우규승 건축가가 한 말이다. 하버드대학교 대학원에서 도시계획을 공부하고 있던 우규승은 "구글 사진으로 광주를 처음 보고 느낀 것은 거의 회색으로 채워진 도시라는 것이었습니다. 녹지가 거의 없다는 점이 문제라고 생각했죠."라고 말했다. 우규승은 녹지 조성에 인색한 도시라는 점을 상기하며 '빛의 숲'이라는 아이디어를 생각했다고 한다. 그는 "민주화의 의미를 되살리기 위해 건물을 모두 지하로 끌어내렸습니다. 대지를 파고 지하에서부터 10층짜리 건물을 쌓아올리는 개념이죠."라고 말했다. 지하광장의 특성상 자칫 실내가 어두워질 수 있기 때문에 천장에 천창(天窓)을 달아 지상의 빛을 끌어들여 환하게 만들고 이 건물에 '빛의 숲'이라는 이름을 붙였다고 한다.

Q. 한 마디로 말하자면 무엇을 하는 곳일까?

A. 국제적 예술기관·문화교류기관

전시, 공연, 교육, 축제, 기타 행사를 하는 곳이다. 전당 안내지도에는 '복합문화시설', 전당 공간 스토리 투어가이드에는 '복합문화

---

11 에스콰이어코리아, "전당은 왜 낮은 곳으로 임했나", http://esquirekorea.co.kr/insight/

예술기관'이라고 나와 있다.

전당의 슬로건은 '세계를 향한 아시아 문화의 창(Window of Asian Culture towards the World)'이다. 간단히 말해서 아시아 문화에 대한 교류·교육·연구 등을 통해 아시아 국가 간 상호 이해를 증진하고 아시아 각국과 함께 동반성장하고자 설립된 문화체육관광부의 소속 기관이다.[12]

Q. '아시아문화중심도시' 사업 투자비는 얼마일까?

A. 2023년까지 총 예산 5조 3천억원이 투입될 예정이다. 2017년까지 집행된 예산은 1조 3,462억원으로 25.4% 사용되었다.[13]

총 투자소요 대비 예산 투입 현황(2004-2017)

단위: 억원

구분		2004~2017(집행)			
		계	국비	시비	민자
전당 건립 및 운영	총 투자소요	16,872	13,872	-	3,000
	총 예산투입	**10,376**	**10,376**	-	-
문화적 도시환경조성	총 투자소요	17,259	5,451	4,695	7,113
	총 예산투입	**419**	**222**	**197**	-
예술진흥 및 문화·관광산업 육성	총 투자소요	14,467	6,123	2,302	6,042
	총 예산투입	**2,216**	**1,022**	**654**	**540**
문화교류도시로서의 역량 및 위상강화	총 투자소요	4,314	2,233	899	1,182
	총 예산투입	**451**	**367**	**84**	-

12 전당 홈페이지 - ACC 소개 - 전당소개

13 아시아문화중심도시조성사업정상화시민연대 자료제공

- 전당 건립 및 운영 10,376억 투입(총 투자소요 대비 61.5%)
- 문화적 도시환경 조성사업 419억 투입(총 투자소요 대비 2.0%)
- 예술진흥 및 문화관광산업 육성 사업 2,216억 투입(총 투자소요 대비 15.3%)
- 문화교류도시로서의 역량 및 위상강화 사업 451억원 투입(총 투자소요 대비 10.4%)
- 조성사업은 2023년까지 총 예산 5.3조원(국비 2.8조, 지방비 0.7조, 민자 1.8조)이 투입되며, 이중 2017년까지 집행된 예산은 13,462억원으로 25.4에 그쳤다.

▪ 전당 각 건물 소개

* 자세한 내용은 홈페이지 - ACC소개 - 전당소개 메뉴의 '공간안내'와 '조직과 업무'를 참고

1) 아시아문화광장

5·18민주광장에서 입구로 들어와 전당으로 향하는 계단을 내려오면 넓은 공간이 하나 있다. 전당 측 자료의 설명에 의하면 전당은 "한국의 전통 기와집같이 중앙에 넓은 마당인 아시아문화광장"을 만든 것이라고 한다. 광장 바닥은 비스듬하게 경사가 져있는데 전당 건물들 중 어린이문화원과 문화정보원 건물의 높이가 다르고 이를 계단으로 만들면 불편하기 때문에 언덕(Slope) 형태로 만든 것이라고 한다. 평소에는 몽골식 텐트처럼 생긴 천막을 설치하여 사람들이 쉼터로 사용하고 있다. 특히 광장을 활용하여 많은 행사가 열리는데

2015년부터 'HOW FUN(하우펀)'이라는 큰 공연행사를 열고 있고 'ACC광주프린지인터내셔널'이나 'ACC월드뮤직페스티벌'과 같은 행사도 열린다. 그런데 이름만 국제적인 것은 아닌지 의문이다. 또 설날이나 추석과 같은 명절에도 어린이날에도 아이들을 위한 행사가 열린다. 전당과 전당 부근을 무대로 하는 큰 행사들이 열릴 때면 아시아문화광장은 항상 주 무대로 쓰여 사람들이 편하게 앉아 무대를 보고는 한다.

2) 문화정보원

아시아문화자원을 연구하고 수집하는 연구소이자 연구 결과물을 발표하는 전시관 시설을 갖추고 있다. 자료와 콘텐츠를 '라이브러리 파크'라는 곳에 전시한다. 시민들은 이곳에서 체험을 하거나 자료를 열람할 수 있다. 안에는 극장, 연구소, 회의실, 강의실을 갖추고 있다.

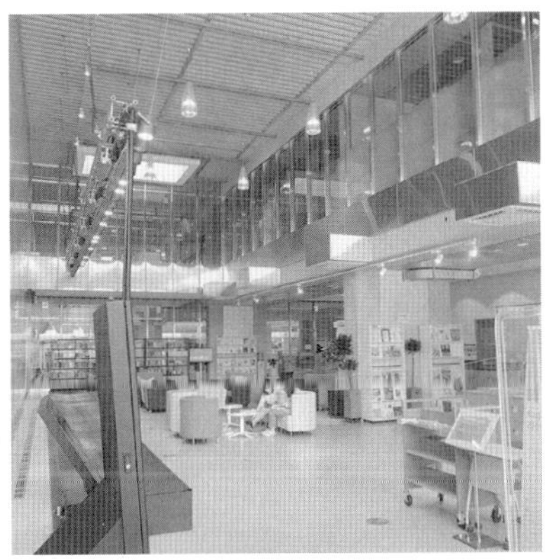

라이브러리 파크 내부 모습

'라이브러리 파크'는 도서관, 아카이브, 박물관의 기능을 통합한 '라키비움'(도서관 Library + 아카이브 Archive + 박물관 Museum = 라키비움 Larchiveum)이라는 새로운 형태의 지식정보공간이며 정보 열람, 전시, 교육 및 체험 프로그램이 이루어진다.

3) 문화창조원

융·복합 콘텐츠를 기획하고 개발하는 실험실이자 개발한 콘텐츠를 전시하는 공간이다. 국내·외 작가들이 협력하여 멋진 전시 결과물들을 선보인다.

건물 옥상에는 '하늘마당'이 있다. ACC만의 명소가 아닌 광주명소 중 한 곳이라고도 할 수 있다. 평일이나 주말 할 것 없이 날씨가 좋을 때면 사람들은 돗자리를 피고 피크닉을 하러 온다. 하늘마당의 양 옆으로 사람이 지나다닐 수 있는 통로가 있는데 이 통로의 입구에는 "HANUL MADANG"이라는 글자의 간판이 달려 있고 통로에는 우산과 예쁜 조명이 달려 있다. 저녁이 되면 이 간판과 조명에 불이 켜지는데 많은 사람들이 예쁜 사진을 찍기 위해 이곳에 온다.

2019년 4월부터 5월까지 문화창조원에서 진행되었던 커피사회 전시회.(왼쪽, 중간) 문화창조원 건물 위에는 하늘마당이라는 잔디밭이 있다.(오른쪽)

4) 예술극장

예술극장은 대중성과 예술성을 담은 다양한 작품이 무대에 오르며 자유롭고 창의적인 콘텐츠를 선보이는 혁신적인 공간이다.

5) 어린이문화원

엄청 큰 어린이 놀이터다. 국내 최대 어린이 문화시설이라고 한다. 어린이들을 위한 체험프로그램과 교육 또는 공연 등의 행사가 열린다. 건물 옥상에도 놀이터가 있으며 공원과 연결되어 있다. 건물 안에는 체험관, 놀이터, 도서관, 실험실이 있다.

'어린이체험관'은 어린이문화원 안에 있는 큰 놀이공간이며 아시아 여러 나라의 문화자원을 활용한 놀이와 생활체험, 예술적 창작 활동을 할 수 있다. 체험관 내 프로그램은 정기·수시로 운영되며 전시 환경도 계속 변동된다.

6) 민주평화교류원

구도청 건물을 그대로 활용한 공간이다. 1층에는 방문자센터가 있어 자세한 안내를 받을 수 있고 '5·18 민주평화기념관'에서는 5·18민주화운동 관련 전시를 하고 있다.

기념관은 2018년 5월 일시 개방하고 2019년 5월부터 영구 개방을 했다. 개방하기 전까지만 해도 활용하지 못하는 쓰레기 같은 건물로 지각되었으나 최근에는 복원과 활용 문제로 이야기가 불거지면서 여론에 밀려 개방을 하게 되었다는 느낌이 든다. 구 전남도청 복원문제와 관련하여 문화체육관광부와 광주광역시, 옛전남도청복원범시도민대책위로 구성된 옛전남도청복원협의회는 2019년 3월 28일 구 전남도청 2층 회의실에서 '옛 전남도청 복원 기본계획 대국민설명회'를 개최했다. 이 자리에서 구 전남도청의 본관과 별관, 회의실, 도

경찰국 및 도 경찰국 민원실, 상무관 등 6개동 건물을 복원하겠다고 밝혔다.[14]

7) 아시아문화원(ACI)

아시아 문화를 연구하고 관련 콘텐츠를 제작·유통하는 기관이다. 전당에 포함된 큰 부서라고 생각하면 쉽다.

■ 전당 꿀 Tip!

Q. 전당이라는 이름이 너무 긴데 짧고 쉽게 부를 수 있는 이름이 없을까?

A. 아문당 또는 ACC

젊은이들 사이에서 흔히 사용되는 은어로는 '아문당'과 'ACC'라는 표현이 있다. '아문당'은 원래 건물 이름의 앞글자만 따서 줄여 부르는 말이다. 그리고 전당을 영어로 하면 'National Asia Culture Center'인데 앞 영문자를 따서 'ACC'라고도 부른다.

2018년 나가 전남대학교 문화전문대학원에서 강연을 듣던 도중 한 참여자가 '아문당'이라는 표현을 사용했는데 강연자였던 대학원 교수님이 무슨 뜻이냐고 물은 적이 있었다. 은어 사용이 이렇게도 무섭고 위험한 일이다(?).

---

14 5·18기념재단 홈페이지 - 재단소식 - 재단활동, '옛 전남도청 복원 기본계획 대국민설명회(3.28)', http://www.518.org/

Q. 전당의 전체를 보기 좋은 곳은 어디일까?

A. 뷰폴리

'뷰폴리'는 전당 근처에 있는 일종의 전망대이다. 전당 옆에 있는 '광주콘텐츠코리아랩'이라는 건물 옥상에 설치되어 있는데 이 전망대에서는 광주와 관련된 경관이나 미디어 아트 연출을 조망할 수 있다. 한국 건축가 문훈과 독일의 미디어 아티스트그룹 '리얼리티(Realities United)'의 얀 에들러(Jan Edler)와 팀 에들러(Tim Edler)가 참여했다.[15] 뷰폴리는 'CHANGE'라는 글자가 적혀 있는 33개의 삼각기둥 굴림판으로 이루어져 있는데 세 면의 색깔이 달라서 관람자가 판을 돌려 색을 바꿀 수도 있다. 나희덕 시인의 '서른세 개의 동사들 사이에서'라는 헌정시가 있는데 함께 읽어보면 좋을 것이다. 야경이 정말 예쁘니 저녁에 가보기를 강력 추천한다.

'뷰폴리'에서 바라본 전당의 모습과 건물 옥상에 설치된 '뷰폴리'를 측면에서 바라본 모습

15 광주폴리 홈페이지 - Folly Ⅲ - 뷰폴리, http://gwangjufolly.org/

Q. 전당에 대해 모르는 것이 있을 때 어디에 물어보면 좋을까?

A. 콜센터 1899-5566

다 알려준다. 국가기밀정보(?) 이런 게 아닌 이상 엄청 친절하고 자세히 알려준다. 프로그램 안내, 참여 방법, 기타 외적인 정보들도 알 수 있다. 이 글을 쓰기 위해서 콜센터에 수없이 전화를 걸어 안내원을 괴롭혔다(?). 심지어 조사 과정에서 발견한 부족한 점을 지적하고 대안을 제시했더니 이 안건을 윗선에 올려 아이디어를 제안하고 실행해보겠다고 했고 며칠 후 담당자와의 연락을 통해 제안을 받아들여 적용해보겠다는 말도 들었다.

매우 주관적인 경험에 의거하여 우리나라에 있는 콜센터 중 상담원이 친절했던 곳을 기억해보면 기상청(114), e나라도움 국고보조금 통합관리시스템(1670-9595), 그리고 이곳 전당 콜센터다. 그 친절함을 기억할 정도로 정말 친절한 곳이다.

Q. 전당을 한 눈에 보고 느낄 수 있는 체험은 없을까?

A. 'ACC 투어', 'ACC 산책', '전시해설'

'ACC투어'는 전당의 내·외부를 모두 볼 수 있는 프로그램이다. 기본코스는 전당의 건립에 대한 역사적 이야기와 함께 각 건축물과 전당 곳곳에 설치된 공공미술 작품들을 둘러볼 수 있다. 특별코스는 'ACC산책'이 있는데 전당을 이루는 꽃과 나무에 대한 이야기를 들을 수 있다.

'전시해설'은 문화정보원과 문화창조원 내부의 전시작품을 볼 수 있는 프로그램이다. 문화정보원에서는 상설 전시된 책과 개인 사진 작가들의 사진 전시, 옛날 포스터들도 볼 수 있다. 여러 방향에서 스피커에서 소리가 나와 실제 그 장소에서 음악을 듣고 있는 느낌을 주는 체험장, 전당 건물의 축소 모형, 기타 체험 전시물까지 직접 체험해볼 수 있는 요소들이 많다. 문화창조원에서는 진행 중인 전시에 따라 유·무료로 관람을 할 수 있다.

Q. 전당 건물의 숨겨진 역사가 있다?

A. 광주읍성

전당이 구 전남도청 일대에 지어져 5·18의 역사만 기억하는 사람들이 많다. 하지만 이곳은 조선시대까지만 해도 실재했던 광주읍성이 자리한 곳이다. 동구청 정류장이 있는 인도를 걷다보면 전당 방향으로 예쁜 분수와 함께 벽돌로 쌓인 낮은 성벽이 있다.

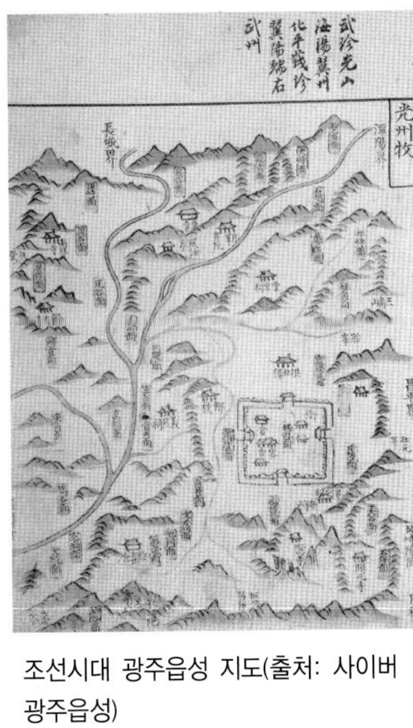

조선시대 광주읍성 지도(출처: 사이버 광주읍성)

이러한 역사를 기억하기 위해 광주읍성 성곽의 흔적을 따라 광주폴리가 세워졌다. 광주폴리는 광주비엔날레와 더불어 시작되었으며 그 첫 번째 프로젝트인 '광주폴리 I'은 광주읍성의 무형적 복원을 의미한다.

Q. 전당의 공식 노래가 있다?

A. 휘성 - 하나가 되어(Always as one)

2018년 8월 '전당 ACC Song 가사 공모전'을 개최했다.[16] 가수 휘성은 "문화예술이 만드는 행복한 내일에 대한 열망을 담아 전 세계가 감동하는 ACC Song을 만들겠다"라는 포부를 밝히며 공모전도 전 세계인을 대상으로 참여할 수 있도록 기획했다. 노래는 유튜브(YouTube) 전당 공식 채널을 통해 들을 수 있고 뮤직비디오와 메이킹 필름도 함께 볼 수 있다. 또한 콜센터, 방문자 센터 등 전당 관련 부서로 전화를 하면 컬러링으로 되어 있는 ACC Song을 들을 수 있다.

Q. 전당에 놀이터가 있다?

A. '어린이문화원' 안에 있는 실내놀이터와 같은 건물 위 옥상에 지어진 놀이터

어린이문화원은 국내 최대 어린이 문화시설답게 크고 다양한 시설을 갖추고 있다. 그리고 안과 밖에 하나씩 놀이터가 만들어져 있다. 내부에 있는 놀이터는 '어린이체험관'을 이용하기 위해 표를 구매한 후 이용할 수 있다. 반면에 외부에 있는 놀이터는 무료이며 그다지 넓지 않지만 건물 옥상의 높은 곳에 위치하고 있어 주변 경관을 내려다볼 수도 있다.

---

16 전당 홈페이지 - ACC소식 - 전체소식, https://www.acc.go.kr/

Q. 전당에 있는 정체모를(?) 구조물들에 대해서 설명해주세요.[17]

A. 채광정

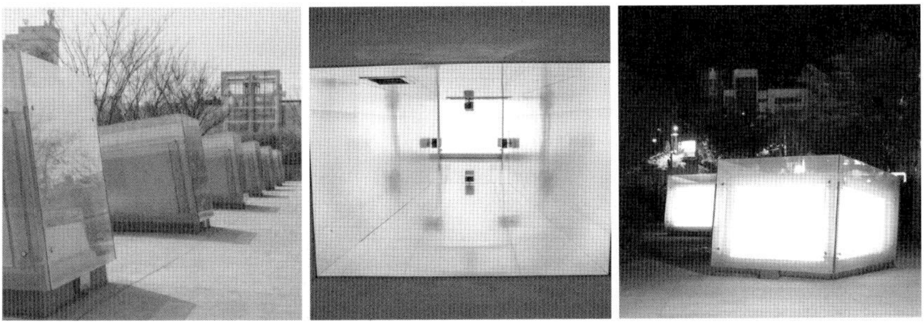

낮의 채광정 모습(왼쪽). 건물 내부에서 보면 하늘에 있는 창문처럼 보인다.(중간) 밤에는 반대로 안쪽에서 불을 밝힌다.(오른쪽)

전당 주변을 걷다 보면 지상에 큐브 모양으로 설치된 시설물을 볼 수 있다. 채광정이라 불리는 이 시설물은 약 70개 정도 설치되어 있으며, 건물의 천창을 활용하여 낮에는 자연 채광을 받아들이고 밤에는 실내 불빛이 바깥으로 발산된다.

A. 원형중정

문화정보원에는 큰 원형의 공간이 있다. 지상에서 지나가다 보면 싱크홀이 난 곳을 울타리로 막은 것(?)처럼 보인다. 공간의 안쪽을 내다보면 백승우 작가의 "세븐데이즈"라는 작품이 보인다. 원형중정의 공간적 특성을 활용하여 360도 회전하는 작품인데 한 시간에 한

17 국립아시아문화전당 공식 블로그, https://blog.naver.com/asiaculturecenter

원형중정을 바깥에서 안으로 내다본 모습.(왼쪽) 백승우 작가의 "세븐데이즈"가 보인다. 문화정보원 안으로 들어오면 아래에서 위로 올려다 볼 수 있다.(중간, 오른쪽) 바깥에서 보는 것과는 또 다른 느낌이 든다.

바퀴씩 회전한다. 기둥이 되는 구조물이 세워져 있고, 일주일의 각 요일이 들어간 제목의 노래를 무지개색으로(예: 일요일-빨간색, 수요일-초록색) 만들어 달아놓았다. 일주일의 시간을 각인시키며 반복적 일상에 기반을 둔 역사와 기억의 재생산과 맥락을 함께한다고 한다.

A. 공공미술 '승리!'

아시아문화광장에서 하늘마당으로 향하는 계단을 오르다 보면 중간에 '브이(V)'모양의 손가락을 하고 있는 큰 해골의 손을 볼 수 있다. 이는 왕두 작가의 "승리!"라는 작품이다. 아시아의 행복하고 성공적인 미래를 기원하는 마음을 담은 순백색에 광주를 희망과 승리의 도시로 표현하고자 사람들이 흔하게 취하는 포즈를 사용했다고 한다.

A. 우고 론디노네 작가의 “ACC Magic Mountain”

하늘마당 뒤쪽으로 동명동 까페거리로 향하는 횡단보도 앞에 서면 큰 돌 세 개가 쌓여 있는 구조물을 볼 수 있다. 가장 최근에 생긴 공공미술 작품으로 실제로 작가가 화순과 고창에 있는 고인돌 무덤에서 영감을 받아 제작했다고 한다. 세계적 문화유산으로 손꼽히는 문화유산을 아시아를 넘어 전 세계로 확장시키고 방문객으로 하여금 자부심을 가질 수 있도록 대형 크기로 만들었다고 한다.

이 외에도 전당 내외에 많은 공공미술들이 설치되어 있다. 관련 내용은 ‘ACC 투어’를 통해 들을 수 있다.

공공미술 ‘승리!’(왼쪽)과 ‘ACC Magic Mountain’(중간, 오른쪽).

3. 내가 경험한 전당

* 전당에서 주관하는 프로젝트에 참여한 경험을 소개합니다.

1) 고려인 강제이주 80주년 '점,선,면 유랑의 역사(歷史)'

2017년 9월 고려인 강제이주 80주년을 기념하여 '점,선,면 유랑의 역사(歷史)'라는 이름의 공연과 전시 행사를 진행했다. 그리고 나는 정말 운이 좋아서 이 행사에 기획에 참여할 수 있었다. 2017년 7월 전남대학교 대운동장에서 근로정신대의 역사를 알리는 부스 활동을 하다가 우리 활동에 관심을 보인 지나가던 행인으로부터(?) 고려인마을에 관한 이야기를 들었다. 한 번도 들어보지 못한 역사에 관심이 생겼고 광주광역시 광산구 월곡동에 있는 고려인마을주민지원센터를 방문하면서 자연스럽게 그들의 역사를 알게 되었다. 이후 고려인 강제이주 80주년을 기념하는 사업을 추진하는 사업단에 참여하며 활동을 시작했다.

고려인마을에서는 2017년 매달 마지막 주 토요일을 '고려인마을 방문의 날'로 지정하여 고려인마을 방문의 날 행사를 했다. 우리가 고려인마을을 안 것은 7월이었기 때문에 한 달간의 과정을 거쳐 8월 방문의 날 행사를 기획하고 홍보했다. 이 때 많은 사학과 학생들이 참여하면서 고려인마을을 알게 되었을 것이다. 이러한 교류를 지속하면서 9월 2일에는 전당에서 진행하는 행사 및 전시 프로그램에 기획과 운영으로 참여했다. 문화정보원 건물 내에 있는 국제회의실에서는 포럼이 열렸고 외부에서는 아시아문화광장의 공간까지 활용하여 부스활동을 진행했다. 행사가 끝난 뒤에는 문화창조원 건물 내 전시관 공간을 활용하여 고려인의 역사를 소개하는 전시를 열었고 이때 사학과 학생들이 전시 도슨트로 참여하며 역사를 알렸다.

정말 뜻깊은 경험이었다. 전당은 하나의 큰 국립기관이자 전문적인 연구기관이기 때문에 공무원이나 전문가들이 주도하여 기획하고 실행할 줄 알았다. 하지만 이번 고려인마을 사업처럼 전당이 다루고자 하는 주제나 사업방향과 같다면 관(官)과 민(民)이 소통하고 함께 만들어가는 좋은 행사를 만들 수 있다는 것을 알았다. 그리고 그 과정 속에 내가 들어갈 수 있어서 정말 좋았다. 2018년 10월에는 고려인의 역사를 주제로 한 뮤지컬 공연을 시연하면서 고려인마을과의 관계를 이어오고 있고, 아시아문화원은 고려인마을 감사패를 수여받으며 해가 지날수록 그 인연을 더하고 있는 중이다.

2) '보름달 아시아' 한가위 한마당 행사

2017년 9월 우연한 기회로 전당에서 함께 일하고자 하는 청년들을 찾는다는 말을 들었다. 매년 어린이문화원에서는 명절마다 어린이들을 대상으로 행사를 진행하는데 문화기획 분야에서 일을 하며 경력을 쌓고자 하는 청년들을 찾고 있는 것이었다. 전당에서 일할 수 있는 기회가 흔치 않고 이런 기회가 다시 오지 않을 것이라고 생각해서 바로 지원했다.

이 행사는 추석 명절을 맞이하여 펼치는 '보름달 아시아' 한가위 한마당 행사였고, 나는 이 행사에서 감독님의 일을 돕는 총괄 보조를 맡았다. 또 다른 학생들은 운영을 맡아서 행사 세부계획을 진행하는 역할을 맡았다. 대학생들이 참여하여 할 수 있는 일은 대부분 봉사활동이나 '스텝(Staff)' 또는 '운영요원'같은 아르바이트 형태뿐이었는데 기획에 직접 참여하고 자체적으로 운영하는 일에 참여할 수 있었다. 이후 OT를 가졌고 3일에 걸쳐 전당에 출근하면서 행사 준비를 했다. 더운 날씨에 무거운 인조잔디를 옮기고 설치하느라 정말 힘들었다. 마침내 10월 3일부터 8일까지 6일간 행사를 진행하고 무사히 종료했다.

행사를 준비할 때는 정말 죽는 줄 알았다. 준비하는 일이 그렇게 어려운 줄 몰랐다. 행사장을 꾸미고 필요한 물품들을 정리하고 어디에 있는지 기억했다가 필요하면 꺼내서 옮기고 하는 모든 일들이 정말 힘들었다. 물론 그렇게 준비가 다 끝나고 나서 운영하고 마무리하는 것까지 무엇 하나 쉽지 않았다. 하지만 어린이문화원에 놀러오는 아이들을 보며 일하는 나도 기분이 좋았다. 아이들과 함께 노는 것이 정말 행복하고 즐거운 시간이었다. 이런 기회와 경험은 정말 값지다고 생각했다. 그 전에는 대학생들이 전당에서 이루어지는 활동에 참여한 경우는 기껏해야 봉사나 스텝으로 참여하는 것뿐이었는데 이렇게 우리가 주체가 되어 기획하고 실행할 수 있는 일은 한 번도 없었다. 전당에서도 지역 대학생들에게 참여 기회를 제공해주기 위해 노력한다는 점을 알 수 있었다.

3) 2018 전문인력 해외인턴십 지원사업

2018년 8월 전당으로부터 이메일을 통해 한 안내메일이 왔다. 평소에 전당에서 하는 일에 관심이 있어서 안내메일이 올 수 있도록 회원가입을 하고 안내메일 수신을 체크해놓았던 나는 수시로 전당에서 하는 일을 알 수 있었다. 이번 메일의 내용은 아시아문화원에서 주관하는 '전문인력 해외인턴쉽 지원사업' 프로그램에 관한 것이었다. 아시아문화원(ACI, Asia Culture Institute)는 연구·공연·교육·전시 다양한 활동을 하는 전당 내 연구소 같은 곳이었다. 프로그램 이름에 '전문인력'이라는 단어가 있어 '전문가도 아닌 내가 할 수 있을까?'하는 의심이 들었지만 홈페이지에 들어가 조심스럽게 프로그램의 취지와 활동내용을 살펴보았다. 프로그램은 세 가지 부문으로 나뉘어 있었고 그 중 하나가 '예비전문가 발굴지원'으로 대학(원)생을 대상으로 하고 있었다. 대학생들이 외국으로 직접 나가서 주관 측에서 지정한 연구기관 리스트 중 자신이 알고 싶은 곳을 조사하는 프로그램이었다. 외국에 나가서 경력을 쌓고 싶어 했고 외국에서는 역사를 어떻게 공부하고 가르치는지 궁금했던 나는 곧바로 이 프로그램을 신청하기 위한 준비에 착수했다.

내가 조사하고 싶은 연구기관은 일본 오사카에 있는 국립민족학박물관이었다. 역사와 관련이 있는 학문을 다루는 연구기관들 중 유일한 곳이었기 때문이다. 그리고 프로그램에 함께 할 팀원들을 모으기 위해 학과 내에서 공통의 관심사를 갖고 있고 장점을 갖고 있는 사람들을 찾았다. 그리고 일어일문학과에서 일본어 회화 능력이 뛰어난 사람도 찾았다. 팀원을 구한 후 일주일동안 신청서를 작성하기 위해 회의를 거듭했다. 민족학 관련 전문서적을 찾아 읽고 정리해서 내용을 공유하기도 했고 7박 8일 동안 박물관에서 무엇을 어떻게 조사할지 고민하기도 했다. 하루는 민족학 관점으로, 하루는 박물관 관점으로, 휴관일에는 오사카 시내 타 역사 박물관을 탐방하는 계획을 세웠다. 그렇게 오랜 시간을 투자해 작성하여 1차 서류 심사를 통과

했다. 그리고 며칠 뒤 2차 면접심사를 통과했고 최종 합격했다.

최종 합격 후 전당 문화정보원 건물 내에 있는 아시아문화아카데미 강의실에서 프로그램 안내를 받았고 중간고사가 끝나자마자 일본으로 출국하여 계획대로 연구를 실행했다. 귀국 후에는 영상도 만들어서 연구 결과물과 함께 제출하고 결과 공유 워크숍을 끝으로 사업을 종료했다. 전당 내에서 이루어지는 연구나 조사에 참여하는 일은 전문가들만 할 수 있는 것이라고 생각했는데 우리 같은 대학생들 비전문가들도 참여할 수 있는 기회가 있어 정말 좋았다.

4) 전시와 강연

평소에 무료 전시를 보러 가기를 좋아한다. 미술품 전시나 음악 공연을 자주 보러 가는데 역사를 좋아하다 보니 전통미술과 전통음악, 특히 국악 연주나 판소리 공연을 정말 좋아하는데 학교를 다니고 있다 보니 시간도 부족하고 수준 높은 공연들은 무료로 보기 쉽지 않다. 그런 나에게 있어 전당은 '기회의 땅'이었다. 전당에서 하는 수많은 전시가 있었지만 프로젝트를 함께 진행했던 팀원들과 전당 안을 돌아다니며 우연히 마주쳤던 〈마나스〉, 그리고 최근 2019년 5월에는 〈커피사회〉와 〈안녕! 민주주의〉처럼 무료로 볼 수 있는 전시들도 있었고 외국인 친구들과 함께 보러 갔던 〈LOTUS LAND〉, 한 외부 강의에서 발표자가 추천해서 보러 갔던 〈행성 그 사이의 우리〉도 있었다.

하나같이 모두 수준 높은 전시들이었다. 미술관에서 그림이나 조각 같은 예술작품을 보았을 때 설명도 없이 덩그러니 놓여 있으면 이해하기가 어렵다. 이곳도 사실 다를 바 없었다. 그만큼 철학적이고 생각의 깊이가 다른 작품들이 많았다. 하지만 다른 곳들과는 달리 외국 작가들의 작품을 많이 접할 수 있어서 좋았다. 기본적으로 우리나라의 역사나 문화를 보여주는 국립 또는 시립 박물관이나, 경력을 쌓기 위해 국내 작가들의 작품들이 많이 보이는 기타 전시관과는 달리 외국 작가들의 작품을 통해 외국의 시각과 관점을 볼 수 있어서 좋았다.

또 전당에서는 강연을 많이 하는데 인문학 강좌, 시민을 대상으로 하는 아카데미 강좌도 많이 열린다. '목요일의 문화시계'라고 하는 시리즈로 제작된 문화예술 강좌도 있는데 해마다 상반기와 하반기로 나누어 진행을 한다. 각 분야의 전문가들이 무료로 강의를 하기 때문에 가치 있고, 보통 시간을 내서 가기보다는 재밌는 주제가 있을 때 들으러 가는데 꽤 재미있는 강의들이라고 생각한다.

'공짜를 좋아하면 대머리가 된다'는 속설이 있는데 나는 차라리 이렇게 공짜를 찾아다니면서 교양과 지식을 쌓고 다른 곳에 잘 활용할 수 있는 사람이 되는 게 낫다고 생각한다.

4. 전당, 여러분들은 어떻게 생각하시나요?

1) 시민들이 전당을 모른다.

광주는 '아시아문화중심도시'로 지정되어 법을 제정하고 추진위원단을 설치한 후 오랜 시간의 행정적 절차를 거쳐 전당을 설립하였다. 그리고 전당은 수립된 정책을 바탕으로 광주를 '아시아의 중심', '문화수도'로 만들기 위한 노력을 꾸준히 해왔다. 문화수도라는 이름에 걸맞게 전당은 예술사업과 문화공연 등을 활발하게 진행하고 있고, 아시아의 중심으로써 인정받기 위해 다양한 분야와 방면으로 연구사업을 진행하고 있다. 하나의 사례를 살펴보자면 전당에서는 국제교류를 통해 수많은 연구결과물을 발표하였고 그 중 2012년 발표한 정책자료 중 하나인 "아시아 스토리 현황 조사 및 대표 스토리 자원 발굴 사업 최종결과보고서"가 있다.[18] 전당에서는 이러한 연구결과물을 바탕으로 '아시아 스토리 커뮤니티'를 구성하여 콘텐츠를 제작하여 전시한다. 대표적으로 '아시아 스토리 1000'에 선정된 이야기들 중에 중앙아시아에 있는 키르기스탄이라는 나라에 옛날부터 전해져 온 '마나스(985번)'라고 하는 서사시를 연구한 것을 바탕으로 2018년 9월부터 2019년 4월까지 마나스 전시회를 진행했다.

그러나 광주시민들의 전당에 대한 이해와 인식은 생각보다 부족하다. 광주시민들은 도시정책의 중요한 거점으로써 설립된 전당이 무슨 일을 하는 곳인지 잘 모르고 전당에서 하는 일에 관심을 갖고 있지 않다. 나는 광주시민들이 얼마나 관심을 갖고 있는지 알아보기 위해 책을 만드는 프로젝트에 참여한 학생들에게 전당에서 진행하는 프로그램에 참여한 경험을 묻는 설문조사를 했다. 그리고 그 결과는 다음과 같다. 결과는 전당 홈페이지에 나온 일정 구분을 참고하여 공연·전시·행사 세 가지 유형으로 구분하였다.

18 아시아문화중심도시 홈페이지 - 자료마당 - 정책자료 (2012.05.17. 게시)

- ‘광주 프린지 페스티벌’ 등 공연 관람 1명
- ‘2018 비엔날레’, ‘아시아 예술 특별전’, 구 전남도청 별관에 있는 ‘5·18 전시’ 등 전시 관람 4명
- 고려인 행사에 봉사활동으로 참여한 경험, ‘ACT(Art Create Tech)’ 매체예술에 대한 강연 등 행사 참여 3명

결과를 살펴보면 광주 프린지 페스티벌의 경우 매주 토요일 5·18 민주광장에서 펼쳐지고 있는 축제인데 장소만 전당을 활용하고 있을 뿐 전당이 주관하여 진행하는 프로젝트가 아니다. 고려인 행사의 경우는 전남대학교 사학과 학생들이 단체 봉사활동으로 참여한 사례였기 때문에 자발적으로 관심을 갖고 참여하여 아시아 문화의 한 흐름으로써 고려인 문화를 인식하고 이를 알기 위해 방문한 것은 아니다. 비엔날레의 경우도 마찬가지다. 비엔날레는 광주에서 2년마다 행해지는 대대적인 국제적 행사지만 광주광역시 북구에 주 건물이 있으며 만약 2018년 전시가 전당을 활용하지 않았다면 올 일이 없었을 것이다. 이 문제는 이 학생들뿐만 아니라 광주에 사는 시민들에게도 해당한다. 시민들은 전당이 무슨 일을 하고 있는지, 반대로 시민들이 전당에서 무엇을 할 수 있는지 잘 모른다. 이 문제를 통해 다음의 두 문제의식을 도출해보았다. 하나는 ‘전당은 아시아문화중심도시를 조성하는 본 목적에 있어 광주에서 중추적인 역할을 잘 수행하고 있는가?’ 그리고 다른 하나는 ‘광주시민들은 전당의 역할을 잘 이해하고 있으며 관심을 갖고 잘 참여하고 있는가?’

2) 전당은 관(官)이 주도하고 있다.

전당은 국립기관이자 공공기관이며 전당에서 이루어지는 사업은 모두 국책사업이다. 그래서 대다수의 사업은 공무원들이 이끌어 나가고 있다. 물론 민간문화기획자들과 협력하고 광주시민들이 봉사나 스텝의 형태로 참여하고 있지만 그들이 주체가 되어 할 수 있는 일들은 많이 없다. 이러한 형태는 시민들을 단순 노동력으로 치부하고, 시민들은 전당에 대한 이해가 부족한 상태에서 참여하기 때문에 전당은 자연스럽게 그들의 마음속에서 아시아문화중심도시의 핵심시설이라는 입지를 잃고 있는 것 같다. 앞서 본 바와 같이 전당도 일을 잘 하고 있지만 오랜 기간의 노력 끝에 전당에서 낸 결과물들이 시민들의 관심이 부족하고 참여하지 않아서 모른다고 혹은 사회에 잘 드러나고 있지 않다고 말할 수만은 없다. 대체로 전당과 광주시민들이 함께 주최하여 펼치는 형태의 행사는 찾아보기 어렵다.

따라서 관과 민이 함께하는 '거버넌스' 형태의 새로운 정치형태와 문화사업들이 필요하다. 전당은 시민들의 생각이 실현되는 장소일 수 있어야 한다. 『문화행정 문화정책』의 저자 박혜자 의원은 서울시립대학교 대학원 행정학 박사 학위를 취득하고 호남대학교에서 교수와 학장을 지내면서 오랫동안 광주를 봤다. 책에서 그는 아시아문화중심도시는 국책사업만으로 완수되는 것이 아니라 지역민들의 삶과 방식 자체가 변화되어야 하는 것이고 지역사회와의 문화거버넌스가 필요하다고 말했다.[19] 그 예시가 바로 '2018 청년도시 컨퍼런

19 박혜자, 『문화정책 문화행정』, 흔들의자, 2018, 274쪽.

스', '2018 문화활동가 대회' 등 지역에서 활동하는 사람들이 전당에서 일하는 공무원들과 한 자리에 모여 이야기하고 전당의 역할과 지역의 문제를 해결하는 노력을 보이는 것이다. 이러한 과정 속에서 거버넌스는 자연스럽게 형성될 것이다.

3) 민(民)의 참여가 부족하다.

비단 전당의 문제를 전당에서 일하는 공무원들만의 책임으로 돌릴 수는 없다. 전당은 광주에 세워져 있으며 광주의 소중한 유산이기 때문에 우리가 지키고 가꿔야한다. 하지만 우리는 관심이 있을까? 전당에서 하는 프로그램에 잘 참여하고 있을까? 그렇게 많고 많은 공연·전시·행사 중에서 광주시민들이 직접 가서 보고 경험한 사실은 이토록 적으면서 '전당이 뭐하는 곳이에요?'하고 묻는 일은 문제가 있어 보인다. 2018년 12월 7일부터 8일까지 문화정보원에서 '2018 청년도시 컨퍼런스'가 열렸다. 그리고 '거버넌스, 청년의 사회참여를 위한 제언'이라는 주제로 정책회의가 진행되었다. 그 때 광주광역시 청년위원회에서 3기와 4기의 위원장으로 활동했던 김형호 위원장은 "첫째, 매번 보이는 사람만 거버넌스 테이블에 모입니다. … 넷째, 거버넌스는 매번 변화해야 한다고 생각합니다. 앞으로 이어나갈 수 있는 세대교체가 필요하고 다양한 사람들이 이런 부분에 대해 알 수 있는 많은 대화 테이블을 만들어야 될 것입니다. 거버넌스는 청년에게 '권한'인 것 같습니다. 광주가 대외적으로 관주도형 사업을 한다는 말이 많은데 민간의 청년 분들이 관심을 가지고 청년 정책 수립에 참여했으면 좋겠습니다."라는 말을 했다.[20] 위 글을 쓰기 위해 인터뷰했던 전남대학교 김양현 교수 또한 같은 의견을 냈다. 김양현 교수는 전당의 다른 부족한 점들도 많겠지만 전당이 실질적인 활동을 한 지 불과 몇 년이 지나지 않았고 그렇기 때문에 전당이 잘하고 있는지 못하고 있는지 판단하기 어렵다고 했다. 따라서 가장 중요한 것은 광주시민들이 전당이 하는 일에 관심을 갖고 참여할 필요가 있다고 말했다.

따라서 무엇보다 광주시민들의 관심과 참여가 중요하다. 시간이 나는 대로 찾아가는 곳이 되어야 한다. 대학생들은 대외활동 경험을 쌓기 위해 공모전 사이트나 대학생 커뮤니티 네이버 까페를 이용하여 많은 정보를 찾고는 하는데 그 때 전당 홈페이지를 둘러보며 시민이 참여할 수 있는 강의나 교육프로그램, 연구활동 등이 없는지 확인하면 좋다. 또한 여가생활을 즐기기 위해서, 부모들에게 있어서는 아이들이 뛰어놀거나 쉽게 즐기면서 배울 수 있는 프로그램을 찾기 위해 전당을 이용하면 좋다. 마땅한 프로그램이 없다면 전당에 어떤 전시나 공연이 있는지도 보고 하늘마당, 5·18민주광장, ACC Bridge 등 전당 일대 주변에서 일어나는 간단한 길거리 공연이나 문화행사를 관람하는 것도 좋다. 그 곳에서 오고가는 일들과 사람들을 보다보면 광주의 이곳저곳에서 일어나는 소식을 자연스럽게 접하고 지역사회에 존재하는 다양한 생각과 의견들을 보고 들을 수 있다. 그렇게 된다면 멀지 않은 미래에 전당은 아시아문화중심도시 광주의 중추적인 역할을 맡아서 인정받는 시설이 되고, 광주는 광주에서뿐만 아니

20 네이버 블로그, "2018 청년도시 컨퍼런스 '거버넌스, 청년의 사회참여를 위한 제언' ", http://blog.naver.com/gj-agenda/221415389115

라 대한민국, 아시아, 세계로부터 인정받는 지역이 될 것이다.

4) 함께 해결하자.

박혜자 국회의원은 『문화행정 문화정책』에서 아시아문화중심도시가 위축된 원인 중 하나로 '지역사회와의 소통과 교감 부족'을 꼽았다. 이 외에도 '민주평화교류원의 활동 표류', '교육과 연구기능 미흡'도 있지만 이는 전당의 책임이 아니라 광주광역시와 지역사회에도 책임이 있다고 말했다. 하지만 그러한 책임을 묻기 전에 시민들이 가장 우려하는 점은 규모의 거대성, 다시 말해 '문화에 의한 경제 창출'에 대한 확신이 부족하다는 것이다. 쇠퇴해가는 여러 도시들이 문화예술 인프라의 도입을 통해 도시재생을 꿈꾸었지만 성과를 거둔 곳보다 오히려 가중되었다는 사례들이 발표되면서 문화예술 인프라의 경제적 파급효과는 과잉기대라고 말했다.[21]

나 또한 전당에 지속적으로 관심을 갖고 참여하고자 노력하고 있지만 이 점에서 걱정이 매우 앞선다. 문화라는 것은 시간적으로나 경제적으로 여유가 있는 사람들이 즐길 수 있는 것인데 사람들은 자신이 먹고살 것을 먼저 생각하지 놀고 즐기는 일을 먼저 생각하지 않기 때문이다. '어떻게 잘 먹고 잘 사느냐'라는 질문에 답하기 위해 광주는 '문화정책'이라는 답을 내놓았지만 사람들에게 그다지 긍정적으로 받아들여지지 않는 것 같다.

하지만 아직 아시아문화중심도시와 전당은 끝나지 않았다. 앞선

---

21 박혜지, 『문화정책 문화행정』, 흔들이자, 2018, 273쪽.

역사에서 봐온 것과 같이 문제가 생겼을 때 새로운 답을 제시하여 문제를 해결하고자 해야 한다. 그 해결방안은 도시정책 내부에 있다. 아시아문화중심도시는 전당을 설립하고 운영하는 것만이 아닌 '7대 문화권'을 조성하는 내용을 포함하고 있다. 따라서 전당권을 제외한 다른 6대 문화권을 조성하는 사업도 활성화시켜야 한다. 또한 전당이 아시아문화중심도시에서 어떠한 역할을 하는지, 지역사회와 시민들에게 어떤 의미를 갖는지 설명하기 위해서 전당과 정책간의 관계를 재설정해야한다. 동시에 전당을 국제기구로 발전시켜 활성화시킬 필요가 있다. 이러한 일들을 하기 위해서는 시민들의 관심과 참여가 필요하다. 우리가 함께 '광주다움'을 찾기 위해 노력해야할 것이다.

전당을 이해하는데 참고하면 좋을 사이트

- 국립아시아문화전당 홈페이지, https://www.acc.go.kr/
- 국립아시아문화전당 공식 블로그, https://blog.naver.com/asiaculturecenter
- 아시아문화중심도시 홈페이지, http://www.asiaculturecity.com/index.do
- 유네스코 미디어아트 창의도시 광주 플랫폼 홈페이지, http://www.gjmp.kr/
- 광주폴리 홈페이지, http://gwangjufolly.org/
- 2019 아시아문화중심도시 우수사업 아이디어 공모전, http://www.asiaidea.kr/